Segal

Mythos

Robert A. Segal

Mythos

Eine kleine Einführung

Übersetzt von
Tanja Handels

Mit 13 Abbildungen

Philipp Reclam jun. Stuttgart

Titel der englischen Originalausgabe:
Robert A. Segal: Myth. A Very Short Introduction.
Oxford / New York. Oxford University Press, 2004

Zum Andenken an Skip, eine heiß geliebte Katze

RECLAMS UNIVERSAL-BIBLIOTHEK Nr. 18396
Alle Rechte vorbehalten
© für die deutschsprachige Ausgabe
2007 Philipp Reclam jun. GmbH & Co., Stuttgart
Die Übersetzung erscheint mit Genehmigung von Oxford University
Press, Oxford. This translation of *Myth – A Very Short Introduction*,
originally published in English in 2004, is published by arrangement
with Oxford University Press, Inc.
© 2004 by Robert A. Segal
Gesamtherstellung: Reclam, Ditzingen. Printed in Germany 2007
RECLAM, UNIVERSAL-BIBLIOTHEK und
RECLAMS UNIVERSAL-BIBLIOTHEK sind eingetragene Marken
der Philipp Reclam jun. GmbH & Co., Stuttgart
ISBN 978-3-15-018396-0

www.reclam.de

Inhalt

Einleitung

Mythentheorien

Lassen Sie mich eines von Anfang an klarstellen: Das vorliegende Buch ist keine Einführung in den Mythos selbst, sondern eine Einführung in Deutungsansätze bzw. Theorien zu Mythen, und es beschränkt sich dabei auf moderne Theorien. Mythentheorien sind vermutlich genauso alt wie die Mythen selbst und lassen sich mindestens bis zu den Vorsokratikern zurückverfolgen. Doch erst mit Beginn der Moderne – genauer gesagt seit der zweiten Hälfte des 19. Jahrhunderts – erheben diese Theorien Anspruch auf Wissenschaftlichkeit, denn erst seit dieser Zeit existieren die akademischen Disziplinen, die sich um einen tatsächlich wissenschaftlichen, mythentheoretischen Ansatz bemühen: die Sozialwissenschaften, unter denen die Anthropologie, die Psychologie und in geringerem Umfang auch die Soziologie den größten Beitrag geleistet haben. Manche sozialwissenschaftlichen Mythentheorien finden zwar durchaus ihre Entsprechung in früheren Ansätzen, dennoch unterscheiden sich die wissenschaftlichen Theorien ganz grundlegend von ihren Vorgängern. Frühe theoretische Ansätze waren größtenteils spekulativ und abstrakt, während sich ein wissenschaftlicher Ansatz in viel stärkerem Maße auf zusammengetragene Fakten stützt. Die Differenzierungen, die der Anthropologe John Beattie in Bezug auf sein Gebiet zusammenfasst, lassen sich auch auf andere Sozialwissenschaften übertragen:

»Und so boten die Berichte der Missionare und Forscher, die im 18. und 19. Jahrhundert Afrika, Nordamerika, den Pazifik und andere Orte bereisten, das Rohmaterial für die anthropologischen Studien der zweiten

Hälfte des letzten Jahrhunderts. Selbstverständlich gab
es auch zuvor bereits zahllose Mutmaßungen über die
menschlichen Institutionen und ihre Ursprünge [...].
Doch obwohl ihre Spekulationen oftmals durchaus brill-
lant waren, so waren diese Denker doch keine empirischen Wissenschaftler: Ihre Schlussfolgerungen beruh-
ten nicht auf überprüfbaren Beweisen, sondern wurden
vielmehr aus impliziten Prinzipien abgeleitet, die größtenteils auch ihre jeweils eigene Kultur prägten. Im
Grunde waren sie Philosophen und europäische Historiker, keine Anthropologen.« (Beattie, *Other Cultures*, S. 5 f.)

Manche modernen Mythentheorien entstammen den alt-
ehrwürdigen Disziplinen Philosophie und Literaturwissenschaft, doch auch sie spiegeln den Einfluss der Sozialwissenschaften. Selbst Mircea Eliade, der seine reli-
gionswissenschaftlich gefärbte Theorie bewusst gegen die
Sozialwissenschaften ins Feld führt, greift schließlich auf
sozialwissenschaftliche Daten zurück, um seine Thesen
zu stützen!
Jede Disziplin bietet Raum für zahllose Mythentheorien. Streng genommen bezieht sich eine Mythentheorie
immer auf ein übergeordnetes Gebiet, der Mythos selbst
bildet nur einen Unterpunkt. So sind anthropologische
Mythentheorien im Grunde Kulturtheorien, die auf den
Fall des Mythos *angewandt* werden. Psychologische Mythentheorien setzen sich mit der Psyche auseinander, soziologische Mythentheorien befassen sich mit der Gesellschaft. Es gibt keine Theorie zum Mythos selbst, weil es
auch keine Disziplin gibt, die sich ausschließlich mit Mythen befassen würde. Sie sind schließlich keine Literatur,
die, so das traditionelle Diktum, tatsächlich als *Literatur*
und nicht unter geschichtlichen, soziologischen oder an-
derweitig außerliterarischen Gesichtspunkten gelesen werden muss. Es gibt keine Studien zum Mythos als Mythos.

Ein Aspekt jedoch eint die verschiedenen Betrachtungsweisen des Mythos über die Disziplinen hinweg, nämlich die Fragestellungen. Die drei grundlegenden Fragen zielen auf Ursprung, Funktion und Thematik ab. Die Frage nach dem ›Ursprung‹ will erfahren, wie und warum der jeweilige Mythos entstanden ist, ›Funktion‹ fragt danach, wie und warum sich der Mythos gehalten hat. Sowohl im Fall des Ursprungs als auch im Fall der Funktion wird die Frage nach dem Warum in der Regel mit einem Bedürfnis beantwortet, zu dessen Befriedigung der Mythos entsteht und zu dessen weiterer Befriedigung er sich hält. Was für ein Bedürfnis das ist, variiert von Theorie zu Theorie. Der Ausdruck ›Thematik‹ schließlich bezeichnet den Referenten des Mythos. Manche Theorien nehmen Mythen beim Wort, sodass der Referent ein eindeutiger, offensichtlicher ist, beispielsweise ein Gott. Andere wiederum lesen die Mythen symbolisch, sodass der symbolisierte Bezugspunkt alles Mögliche sein kann.

Die einzelnen Theorien unterscheiden sich nicht nur bezüglich ihrer Antworten auf diese Fragen, sondern auch in der Fragestellung selbst. Manche Theorien – vielleicht auch manche Disziplinen – stellen den Ursprung des Mythos in den Vordergrund, andere die Funktion und wieder andere die Thematik. Nur ganz wenige Theorien widmen sich allen drei Fragen, und diejenigen, die sich mit Ursprung und Funktion befassen, fragen meistens entweder nach dem Warum oder nach dem Wie, selten jedoch nach beidem.

Gemeinhin wird behauptet, dass sich die Theorien des 19. Jahrhunderts vor allem mit der Frage nach dem Ursprung befassen, während die Theorien des 20. Jahrhunderts sich auf Fragen nach Funktion und Thematik konzentrieren. Eine solche Darstellung verwechselt jedoch den historischen Ursprung mit der regelmäßigen Wiederkehr. Diejenigen Theorien, die die Aufdeckung des Ursprungs von Mythen versprechen, behaupten nicht zu

wissen, wann und wo der jeweilige Mythos zum ersten
Mal aufgetreten ist, sondern vielmehr, wie und warum er
zu bestimmten Zeiten an bestimmten Orten auftritt. Die
Frage nach dem wiederholten Auftreten ist unter den
Theoretikern des 20. Jahrhunderts ebenso populär wie
unter denen des 19., und ein Interesse an Funktion und
Thematik war im 19. Jahrhundert ebenso verbreitet wie
im 20. Jahrhundert.

Ein grundlegender Unterschied besteht jedoch zwischen den Theorien des 19. und denen des 20. Jahrhunderts. Im 19. Jahrhundert neigten die Theoretiker dazu,
die physische Welt als Thema des Mythos und seine
Funktion entweder als wörtliche Erklärung oder symbolische Darstellung dieser Welt zu begreifen. Der Mythos
galt gemeinhin als ›primitives‹ Gegenstück zur Wissenschaft, die als vollständig modernes Phänomen betrachtet
wurde. Wissenschaft macht Mythen nicht nur überflüssig,
sondern ist geradezu unvereinbar mit ihnen, sodass der
moderne, per definitionem wissenschaftlich orientierte
Mensch den Mythos ablehnen muss. Im Gegensatz dazu
betrachten die Theorien des 20. Jahrhunderts den Mythos
ausdrücklich nicht mehr als überholtes Gegenstück zur
Wissenschaft, weder hinsichtlich seiner Thematik noch
hinsichtlich seiner Funktion. Daher braucht der moderne
Mensch den Mythos auch nicht zugunsten der Wissenschaft aufzugeben.

Neben den Fragen nach Ursprung, Funktion und Thematik findet man u. a. folgende mit dem Mythos verbun-
dene Fragestellungen: Ist der Mythos universell? Ist er
wahr? Die Antworten auf solche Fragen ergeben sich aus
den jeweiligen Antworten auf die drei Grundfragen. Eine
Theorie, die die Erklärung der Vorgänge in der physischen Welt als Ursprung und Funktion des Mythos deutet, wird diese vermutlich auch auf solche Völker beschränkt wissen wollen, die nicht über Wissenschaft zu
verfügen scheinen. Entsprechend wird eine Theorie, die

Ursprung und Funktion des Mythos als gesellschaftsverbindend auslegt, Mythen durchaus als akzeptables, vielleicht sogar unverzichtbares Element einer jeden Gesellschaft betrachten.

Eine Theorie, die dem Mythos die Funktion zuschreibt, physische Prozesse zu erklären, muss ihn dann auch als falsch betrachten, wenn die gegebene Erklärung nicht mit der entsprechenden wissenschaftlichen Erklärung übereinstimmt. Eine Theorie, die dem Mythos gesellschaftsverbindende Funktion zuschreibt, kann die Frage nach der Wahrheit eventuell durch die Behauptung umgehen, eine Gesellschaft sei gerade dann vereint, wenn ihre Mitglieder glauben, dass die Gesetze, an die sie sich zu halten haben, vor langer Zeit von ihren verehrten Vorfahren begründet wurden – gleichgültig, ob diese Gesetze nun auch tatsächlich zu jener Zeit entstanden sind. Eine solche Theorie weicht der Frage nach der Wahrheit aus, weil ihre eigenen Antworten auf die Fragen nach Ursprung und Funktion dies erfordern.

Mythos: eine Definition

Ich habe schon auf diversen Konferenzen erlebt, dass sich die Vortragenden eifrig über das ›Wesen des Mythos‹ in diesem Roman oder jenem Theaterstück oder Film ausließen. Doch eine solche Argumentation hängt grundlegend von der jeweiligen Definition des Begriffs »Mythos« ab. Lassen Sie mich hier meine eigene Definition darlegen.

Zunächst möchte ich Mythos als erzählte Geschichte definieren. Es scheint auf der Hand zu liegen, dass ein Mythos bei allem, was er sonst noch sein mag, vor allem auch eine Geschichte ist. Schließlich fallen den meisten, wenn man sie bittet, einige Mythen aufzuzählen, als Erstes *Geschichten* von griechischen und römischen Göttern und Helden ein. Und doch können Mythen etwas weiter ge-

fasst auch als Glaubensbekenntnis oder Credo betrachtet
werden – so der amerikanische Mythos ›Vom Tellerwäscher zum Millionär‹ oder der ebenfalls amerikanische
Mythos von der Grenze (*frontier*; Anm. der Übers.: Gemeint ist der Mythos, immer weiter nach Westen vordrin-
gen zu müssen bzw. die bestehende Grenze immer aufs
Neue zu überschreiten.) Horatio Alger hat Unmengen
populärer Romane verfasst, die den Aufstieg vom Tellerwäscher zum Millionär illustrieren, doch das eigentliche
Credo fußt nicht auf einer konkreten Geschichte. Dasselbe gilt für den *frontier*-Mythos.

Alle Theorien, mit denen sich das vorliegende Buch befasst, betrachten den Mythos als eine erzählte Geschichte.
Zugegeben, E. B. Tylor deutet ihn stillschweigend in eine
allgemeine Auseinandersetzung um, die aber dennoch
über eine Geschichte transportiert wird. Und auch Claude
Lévi-Strauss dringt über die Geschichte hinaus bis zur
›Struktur‹ der Mythen vor, doch auch diese wird wiederum über die Geschichte vermittelt. Und selbst die Theorien, die Mythen nicht wörtlich, sondern symbolisch deuten, betrachten die Thematik bzw. die Bedeutung doch
immer noch als eine sich entfaltende Geschichte.

Wenn der Mythos hier also als Geschichte verstanden
werden soll, wovon handelt diese Geschichte dann? Vor
allem für Folkloristen geht es im Mythos immer um die
Erschaffung der Welt. In der Bibel würden sich demnach
nur die beiden Schöpfungsgeschichten (Genesis 1 und 2)
sowie die Passagen über den Garten Eden (Genesis 3) und
Noah (Genesis 6–9) als Mythen ausweisen lassen. Alle anderen biblischen Geschichten müssten stattdessen als Legenden oder Volkssagen eingestuft werden. Jenseits der
Bibel wäre beispielsweise der ›Mythos‹ von Ödipus im
Grunde eine Legende. So streng will ich nicht vorgehen
und definiere Mythos daher ganz schlicht als eine Geschichte über etwas Bedeutendes. Die Geschichte kann
in der Vergangenheit spielen, wie es für Eliade und Bro-

nislaw Malinowski der Fall ist, aber auch in der Gegenwart oder der Zukunft.

Vor allem für solche Theorien, die sich von der Religionswissenschaft herleiten, müssen die Hauptfiguren im Mythos Götter oder Halbgötter sein. Auch hier möchte ich aber die Grenze nicht ganz so eng setzen. Täte ich dies, könnte ich das Alte Testament nicht einbeziehen, dessen Geschichten zwar immer auch von Gott handeln, sich aber, bis auf die ersten beiden Kapitel des Buchs Genesis, mindestens ebenso sehr mit den Menschen befassen. Ich möchte nur darauf bestehen, dass die Hauptfiguren tatsächlich Personen sind, seien es Götter, Menschen oder auch Tiere. Ausgeschlossen sind damit nur unpersönliche Kräfte wie beispielsweise das platonische Gute. Unter den Theoretikern befasst sich vor allem Tylor mit der personalistischen Ausrichtung des Mythos, doch auch alle anderen hier diskutierten Theoretiker, mit Ausnahme von Lévi-Strauss, setzen sie stillschweigend voraus. Die Personen können dabei entweder als selbst handelnd oder als Objekte von Handlungen auftreten.

Bis auf Rudolf Bultmann und Hans Jonas widmen sich alle hier besprochenen Theoretiker der Funktion des Mythos, und Malinowski konzentriert sich fast ausschließlich auf diese Frage. Die Meinungen, worin diese Funktion besteht, gehen dabei auseinander, und auch ich habe nicht vor zu bestimmen, was genau nun die Funktion von Mythen sein soll. Ich stelle nur fest, dass diese Funktion für alle Theoretiker eine sehr gewichtige ist – im Gegensatz zu den weniger entscheidenden Funktionen von Legenden und Volkssagen. Damit stelle ich die These auf, dass der Mythos für seine Anhänger etwas Entscheidendes leistet, lasse jedoch offen, worin diese Leistung genau besteht.

Im heutigen Sprachgebrauch ist ›Mythos‹ gleichbedeutend mit Unwahrheit. Mythen sind ›bloße Mythen‹. So veröffentlichte der Historiker William Rubinstein im Jahr 1997 ein Buch mit dem Titel *The Myth of Rescue: Why the*

*Democracies Could Not Have Saved More Jews from the
Nazis*. Der Titel sagt bereits alles. Das Buch wendet sich
gegen die verbreitete Überzeugung, viele der jüdischen
Nazi-Opfer hätten gerettet werden können, wenn die Alliierten sich intensiver um ihre Befreiung bemüht hätten.
Rubinstein bestreitet die Annahme, die Alliierten seien
dem Schicksal der europäischen Juden gegenüber gleichgültig gewesen und diese Gleichgültigkeit sei ihrem eigenen Antisemitismus entsprungen. Für ihn fängt der Begriff ›Mythos‹ die Breitenwirkung dieser Überzeugung
von der fehlgeschlagenen Rettung sehr viel besser ein als
harmlosere Begriffe wie ›Irrglaube‹ oder ›verbreiteter Irr-
tum‹. Ein ›Mythos‹ ist eine falsche Überzeugung, die sich
hartnäckig hält.

Im Gegensatz dazu ist der Begriff im Kontext des amerikanischen Mythos ›Vom Tellerwäscher zum Millionär‹
positiv besetzt, vermittelt aber dennoch die Hartnäckigkeit
dieser Überzeugung. Eine offenkundig falsche Annahme
scheint hartnäckiger weiterzubestehen als eine zutreffende, denn sie bleibt selbst angesichts ihrer eindeutigen Wi-
derlegung erhalten. Doch eine lieb gewordene, zutreffende
Überzeugung wird gegebenenfalls ebenso eisern verteidigt
wie eine falsche, zumal dann, wenn sie durch überzeu-
gende Beweise gestützt wird. Ironischerweise sprechen
manche Amerikaner, die nach wie vor am Credo ›Vom
Tellerwäscher zum Millionär‹ festhalten, in diesem Zusammenhang nicht mehr von ›Mythos‹, gerade weil dieser
Begriff inzwischen Unwahrheit konnotiert. Ich möchte
daher vorschlagen, dass eine Geschichte, die natürlich
auch Ausdruck einer Überzeugung sein kann, sich dann
als Mythos qualifiziert, wenn sie sich innerhalb einer An-
hängerschaft hartnäckig hält. Offen bleibt, ob diese Geschichte dann auch tatsächlich wahr sein muss.

Der Adonis-Mythos

Um die Unterschiede zwischen den einzelnen Theorien klar herauszuarbeiten, greife ich einen bekannten Mythos, den von Adonis, heraus. Dadurch werde ich zeigen, wie der Mythos sich in der jeweiligen Perspektive der hier diskutierten Theorien darstellt. Ich habe mich vor allem deshalb für diesen Mythos entschieden, weil er in so vielen verschiedenen Versionen vorliegt und damit die Formbarkeit von Mythen belegt. Die Hauptquellen des Mythos sind die sogenannte *Bibliothek* des Griechen Apollodorus (Buch III, Kapitel 14, Absatz 3–4 [derzeit in neuer Übersetzung unter dem Titel *Götter und Helden der Griechen* erhältlich]) sowie die *Metamorphosen* des Römers Ovid (Buch X, Z. 298–739).

Abb. 1. »Venus und Adonis«. Gemälde von Rubens.

Nach Apollodorus, der sich seinerseits auf die Version des Epikers Panyasis bezieht, fühlt Adonis' Mutter Myrrha (Smyrna) sich unwiderstehlich zu ihrem Vater hingezogen und wird schließlich von ihm schwanger. Als ihr Vater herausfindet, dass er allnächtlich mit Myrrha geschlafen hat, zieht er auf der Stelle sein Schwert. Sie flieht, und er verfolgt sie. Als er sie beinahe eingeholt hat, fleht sie die Götter an, sie unsichtbar zu machen, und diese erbarmen sich ihrer und verwandeln sie in einen Myrrhenbaum. Zehn Monate später bricht der Stamm des Baumes entzwei, und Adonis wird geboren.

Selbst als kleines Kind ist Adonis überirdisch schön, und Aphrodite, die ihn unter ihre Fittiche genommen hat, liebt ihn ebenso abgöttisch, wie Myrrha einst ihren Vater liebte. Um ihn ganz für sich zu haben, versteckt Aphrodite den Knaben in einer Truhe und übergibt diese Persephone, der Königin des Hades, der Unterwelt, zur Aufbewahrung, ohne ihr zu sagen, was sich in der Truhe befindet. Als Persephone die Truhe öffnet, verliebt auch sie sich in Adonis und weigert sich, ihn Aphrodite zurückzugeben. Jede Göttin will ihn ganz für sich allein. So wenden sich beide schließlich an den Götterkönig Zeus, der verfügt, dass Adonis ein Drittel des Jahres bei Persephone, ein weiteres Drittel bei Aphrodite und das verbleibende Drittel allein verbringen solle. Adonis tritt sein eigenes Drittel bereitwillig an Aphrodite ab und befindet sich somit ständig in der Obhut einer Göttin. Eines Tages wird er auf der Jagd von einem wilden Eber aufgespießt. In einer weiteren, anonymen Version der Geschichte, von der Apollodorus berichtet, ist der Angriff des Ebers das Werk des Kriegsgottes Ares, der zornig darüber ist, dass Adonis ihn als Liebhaber der Aphrodite ausgestochen hat.

Auch Ovid führt die Geschichte von Adonis auf den Inzest zwischen seiner Mutter Myrrha und deren Vater zurück, der hier Cinyras heißt. Myrrha ist gerade im Begriff, sich zu erhängen, um ihren Qualen ein Ende zu setzen, als sie von ihrer alten Amme gerettet wird, die ihr den Grund für ihre Verzweiflung entlockt und dann, wie bei Apollodorus, eine Möglichkeit für Myrrha arrangiert, unerkannt mit ihrem Vater zu schlafen. Doch in der dritten Nacht ruft der Vater nach Licht, um zu sehen, wer die Frau ist, die ihn so sehr liebt, und wie bei Apollodorus zieht er auch hier sein Schwert, und seine Tochter flieht. Neun Monate lang irrt die schwangere Myrrha ziellos umher. Schließlich fleht sie, wie bei Apollodorus, in ihrer Erschöpfung um göttliche Hilfe, und die mitleidigen Götter verwandeln sie in einen Baum – in diesem Fall allerdings erst am Ende, nicht am Anfang ihrer Schwangerschaft. Myrrha bleibt Mensch genug, um zu weinen, und aus ihren Tränen wird das duftende Myrrhenharz. Das Kind, das immer noch in ihr lebt, muss sich mit Gewalt aus dem Baum herauskämpfen, um geboren zu werden.

Im Gegensatz zu Apollodorus' Version begegnet Venus – der römische Name der Aphrodite – dem Adonis bei Ovid erst als jungem Mann, verliebt sich jedoch ebenfalls auf den ersten Blick in ihn. Eine Rivalität zu anderen Göttinnen gibt es nicht, Venus hat ihn ganz für sich. Sie gehen gemeinsam auf die Jagd. Venus schärft ihrem Schützling immer wieder ein, sich an kleine Tiere zu halten, doch Adonis macht achtlos Jagd auf Großwild und wird schließlich, wie bei Apollodorus, von einem wilden Eber durchbohrt, auch wenn dieser nicht von einem Mitanwärter auf Venus' Gunst entsandt wird.

Während die Geschichte bei Apollodorus mit dem Tod des Adonis endet, setzt sie sich bei Ovid mit Venus' Klage um ihn fort. Um sein Andenken zu ehren, träufelt sie Nektar über sein Blut, aus diesem sprießt eine Anemone. Das Leben der Blume ist nur kurz, so wie das Leben des Adonis.

Während bei Apollodorus der jährliche Zyklus von Tod und Auferstehung Adonis' ›endgültigem‹ Tod vorangeht, folgt er bei Ovid in Gestalt der Blume erst nach dem Tod.

Im Entstehen dieser Blume deutet sich bereits das Ritual
an, das zum Adonis-Mythos gehört – bei Apollodorus besteht keine solche Verbindung.

Und während bei Apollodorus vor allem Zorn der Mo-
tor der Ereignisse ist, ist es bei Ovid die Liebe. Bei Apollodorus ist Adonis das unschuldige Opfer zerstrittener
Eltern und rivalisierender Gottheiten, bei Ovid ist die
trauernde Venus ebenso Opfer wie Adonis selbst.

Apollodorus präsentiert seine Geschichte als Wahrheit,
Ovid die seine als Fiktion. Dort, wo Apollodorus linear
erzählt, verzweigt Ovid die Geschichte, um größere The-
menfelder einzubeziehen, insbesondere das der Verwandlung: Myrrha wird zum Baum, Adonis zur Blume. Apollodorus will seine Geschichte wörtlich verstanden wissen,
Ovid die seine metaphorisch. Dort, wo Apollodorus ernst
wirkt, ist Ovid verspielt.

Ich möchte den Adonis-Mythos jedoch nicht nur deshalb heranziehen, weil seine verschiedenen Versionen so
unterschiedlich sind, sondern auch deshalb, weil er sich
bei modernen Mythentheoretikern großer Beliebtheit erfreut. Er wurde nämlich sowohl von J. G. Frazer als auch
vom damals noch Lévi-Strauss-beeinflussten Marcel Detienne sowie von C. G. Jung und seinen Anhängern untersucht.

Die Anwendung von Theorien auf Mythen

Die Analyse eines einzelnen Mythos erfolgt stets aus der
Perspektive einer Theorie. Theoretisieren ist unausweich-
lich. So greifen jene Handbücher der klassischen Mythologie, die Adonis' alljährliche Reise zu Persephone und
seine anschließende Rückkehr zu Aphrodite ganz selbstverständlich mit dem Vegetationskreislauf gleichsetzen,
auf eine Deutung des Mythos als primitives Gegenstück
zur Wissenschaft zurück. Man kann zwar der universellen

Gültigkeit einer einzelnen Theorie durchaus skeptisch ge-
genüberstehen, doch es ist völlig unmöglich, jeder Form
des Theoretisierens auszuweichen.

Theorien brauchen Mythen ebenso sehr wie Mythen
Theorien. Dort, wo die Theorie den Mythos näher be-
leuchtet, bestätigt dieser die Theorie. Natürlich ist die
schiere Anwendbarkeit eines Mythos noch kein Beweis
für eine Theorie, deren Lehre ja aus eigener Kraft bestehen muss. Beispielsweise kann die Anwendbarkeit von
Jungs Theorie zur Erklärung des Adonis-Mythos nicht als
Beweis für die Existenz eines kollektiven Unbewussten
dienen. Im Gegenteil: Ein solches Unbewusstes würde
vorausgesetzt. Doch stellt solch ein Vorgehen eine, wenngleich indirekte, Möglichkeit dar, eine Theorie zu bestäti-
gen, zu zeigen, wie gut sie funktioniert, wenn man ihre
Inhalte anwendet – dies natürlich unter der Voraussetzung, dass die Theorie dann auch entweder falsch sein
oder nur eingeschränkt gelten muss, wenn sich heraus-
stellt, dass sie nicht funktioniert.

Mythos und Wissenschaft

In der westlichen Welt lässt sich die Infragestellung von Mythen mindestens bis zu Platon zurückverfolgen, der die homerischen Mythen als solche vor allem unter ethischen Gesichtspunkten ablehnt. Insbesondere die Stoiker bemühten sich daraufhin, den Mythos gegen diesen Vorwurf zu verteidigen, indem sie ihn zu einer Allegorie umdeuteten. Doch die größte moderne Herausforderung an den Mythos kommt nicht von Seiten der Ethik, sondern von Seiten der Wissenschaft. Die Grundannahme dabei ist, dass Mythen zeigen, wie die Götter die physische Welt steuern, und nicht, wie noch für Platon, wie sie sich untereinander verhalten. Während Platon beklagt, dass Mythen Götter bei unmoralischem Verhalten zeigten, lehnen moderne Kritiker Mythen deshalb ab, weil sie die Welt auf unwissenschaftliche Weise erklären.

Mythos als wahre Wissenschaft

Eine moderne Form der Mythenkritik besteht darin, die wissenschaftliche Glaubwürdigkeit von Mythen infrage zu stellen. Wurde die Schöpfung tatsächlich in nur sechs Tagen vollzogen, wie es die erste der beiden Schöpfungsgeschichten des Buchs Genesis (1,1–2,4a) behauptet? Gab es wirklich eine weltweite Sintflut? Ist die Erde tatsächlich erst sechs- oder siebentausend Jahre alt? Gab es die zehn Plagen der Ägypter? Die uneinsichtigste Verteidigung gegenüber solchen Vorwürfen war es stets zu behaupten, die biblischen Darstellungen müssten deshalb korrekt sein, weil der Pentateuch Moses immerhin von Gott selbst offenbart wurde. Diese als »Kreationismus« bekannt gewordene Position kann verschiedene Formen annehmen: Ihre Deutungen reichen von der Auslegung, die Schöpfungstage als sechs Tage im Wortsinn zu verstehen, bis hin zu der, die Tage als Zeitalter zu verstehen. Der Kreationismus entstand als Gegenreaktion auf Darwins Werk *Entstehung der Arten* (*Origin of Species*, 1859), das die These vertritt, die verschiedenen Arten seien erst nach und nach auseinander hervorgegangen und nicht einzeln und praktisch zeitgleich erschaffen worden. Erstaunlicherweise wurde der Kreationismus mit der Zeit nicht immer weniger, sondern immer schärfer dogmatisch in seiner wörtlichen Auslegung der biblischen Schöpfungsgeschichte.

Gleichzeitig verstehen Kreationisten jeder Couleur ihre Ansichten keineswegs mehr religiös als wissenschaftlich, sondern als *ebenso* wissenschaftlich wie religiös. Die Bezeichnung »Kreationismus« steht für eine »Schöpfungswissenschaft«, die sich jegliche Art von wissenschaftlicher Beweisführung aneignet, um die eigenen Behauptungen zu stützen und gleichzeitig die der weltlichen Konkurrenz, beispielsweise der Evolutionstheorie, zu entkräften. Solche Schöpfungswissenschaftler würden den Begriff »Mythos« als Bezeichnung für die von ihnen vertretenen Ansichten sicherlich weit von sich weisen, allerdings nur deshalb, weil der Terminus inzwischen mit Irrglauben in Verbindung gebracht wird. Verwendet man den Begriff ganz neutral für eine fest verankerte Überzeugung, so ist der Kreationismus ein Mythos, der einen Anspruch auf Wissenschaftlichkeit anmeldet. Aus Sicht der Kreationisten ist die Evolution wissenschaftlich unhaltbar. Sollte einem eine Unvereinbarkeit zwischen der Bibel und der modernen Wissenschaft auffallen, so hat die moderne Wissenschaft der biblischen Wissenschaft zu weichen.

Mythos als moderne Wissenschaft

Man kann auf eine deutlich gemäßigtere Weise versuchen, Mythen gegen die Kritik der modernen Wissenschaft zu verteidigen, indem man versucht, beide miteinander zu versöhnen. Dabei werden Elemente, die der modernen Wissenschaft widersprechen, entweder entfernt oder – so würde die sehr viel geschicktere Variante vorgehen – als modern und wissenschaftlich umgedeutet. Mythen sind also deshalb wissenschaftlich glaubwürdig, weil sie im Grunde Wissenschaft sind – d. h. sie sind moderne Wissenschaft. Es mag zwar keinen Noah gegeben haben, der praktisch im Alleingang sämtliche Arten von Lebewesen einsammelte und in einem hölzernen Boot, das stabil genug war, um den schwersten je gekannten Fluten standzuhalten, überleben ließ, doch gab es durchaus eine weltweite Überflutung. Das, was also vom Mythos übrig bleibt, ist deshalb wahr, weil es wissenschaftlich erwiesen ist. Dieser Ansatz bildet einen Gegenpol zur sogenannten ›Demythologisierung‹, die den Mythos streng von der Wissenschaft trennt und Thema des nächsten Kapitels sein wird.

In ihrem Kommentar zur ersten biblischen Plage, bei der das Wasser des Nils in Blut verwandelt wird (Exodus 7,14–25), geben die Herausgeber der *Oxford Annotated Bible* ein Beispiel für einen solchen rationalisierenden Ansatz: Die Blutplage beziehe sich offenbar auf ein in Ägypten auftretendes Naturphänomen: die rötliche Färbung des Nils, wenn er im Sommer seinen Höchststand erreicht. Sie sei auf rötliche Erdpartikel, vielleicht auch auf winzige Mikroorganismen zurückzuführen. Zur zweiten Plage, den Fröschen (Exodus 7,26–8,11), äußern sich die Herausgeber ganz ähnlich: Nach den alljährlichen Überschwemmungen biete der Nilschlamm Fröschen ein natürliches Fortpflanzungsgebiet. Häufigere Froschplagen blieben Ägypten nur durch den sich von Fröschen ernährenden Ibis erspart. Wie praktisch, dass der Ibis gerade Ferien machte, als Aaron die Hand ausstreckte, um die Plage herabzurufen, und dass er genau in dem Moment zurückkehrte, als Moses die Plage wieder beenden wollte! Anstatt den Mythos *gegen* die Wissenschaft ins Feld zu führen, verfolgt diese Taktik das Ziel, Mythen *in* wissenschaftliche Texte zu verwandeln, und nicht, wie es augenblicklich in Mode ist, die Wissenschaft selbst zum Mythos zu machen.

Mythos als primitive Wissenschaft

Die gängigste Reaktion auf die Herausforderung durch die Wissenschaft ist jedoch, den Mythos zugunsten der Wissenschaft zu opfern. Dabei werden Mythen nach wie vor als Erklärungsmodelle der Welt betrachtet, allerdings als eine völlig eigenständige Form der Erklärung, nicht aber als wissenschaftliche Darstellungen im mythischen Gewand. Hier geht es also nicht um die wissenschaftliche Glaubwürdigkeit von Mythen, sondern um ihre Vereinbarkeit mit der Wissenschaft. Mythen gelten in diesem Zusammenhang als ›primitive‹ Wissenschaft, genauer gesagt: als vorwissenschaftliches Gegenstück zur Wissenschaft, die als ausschließlich moderne Errungenschaft betrachtet wird. In diesem Sinne sind Mythen Teil der Religion. Während die Religion jenseits des Mythos für den reinen Glauben an das Göttliche zuständig ist, legt der Mythos im Einzelnen dar, wie die jeweiligen Götter irdische Vorgänge auslösen. Und weil Mythen Teil der Religion sind, bedeutet der Aufstieg der Wissenschaft zur vorherrschenden, modernen Erklärungsform physischer Vorgänge nicht nur den Fall der Religion, sondern ebenso den des Mythos. Da der moderne Mensch per definitionem die Wissenschaft akzeptiert, kann er nicht gleichzeitig auch am Mythos festhalten: Der Ausdruck ›moderner Mythos‹

ist ein Widerspruch in sich. Der Mythos fällt dem Säkularisierungsprozess zum Opfer, der die Moderne ausmacht.

Doch auch die Beziehung zwischen Religion und Wissenschaft ist alles andere als einförmig. Tendenziöse Titel wie *A History of the Warfare of Science with Theology in Christendom* (»Eine Geschichte des Krieges zwischen Wissenschaft und Theologie im Christentum«) vermitteln eine einseitige Sichtweise. Dennoch standen Religion und Wissenschaft und damit auch Mythos und Wissenschaft im 19. Jahrhundert sehr viel häufiger konträr zueinander als im 20. Jahrhundert, in dem es häufiger gelang, beide miteinander auszusöhnen.

E. B. Tylor

Der einflussreiche britische Anthropologe E. B. Tylor (1832–1917) bleibt der führende Vertreter der These, dass Mythos und Wissenschaft unvereinbar sind. Tylor begreift den Mythos als Teil der Religion und fasst sowohl Religion als auch Wissenschaft unter den Überbegriff der Philosophie. Die Philosophie wiederum unterteilt er in eine ›primitive‹ und eine ›moderne‹ Philosophie. Primitive Philosophie ist gleichzusetzen mit primitiver Religion, eine primitive Wissenschaft gibt es jedoch nicht. Im Gegensatz dazu zerfällt die moderne Philosophie wiederum in zwei Untergruppen, nämlich in Religion und Wissenschaft. Die Wissenschaft ist sehr viel einflussreicher und das moderne Gegenstück zur primitiven Religion. Die moderne Religion setzt sich aus zwei Elementen zusammen, Ethik und Metaphysik, die beide in der primitiven Religion noch nicht vorkommen. Die Metaphysik befasst sich mit nichtkörperlichen Phänomenen, von denen Naturvölker noch keine Vorstellung haben. Ethisches Gedankengut ist primitiven Kulturen zwar durchaus nicht fremd, bewegt sich aber letztendlich außerhalb des Bereichs primitiver Reli-

Abb. 2. E. B. Tylor. Portrait von G. Bonavia.

gion: Die »Vereinigung von Ethik und animistischer Philosophie, die in höheren Kulturen so innig und kraftvoll am Werke ist, scheint in den niederen Kulturen noch kaum begonnen zu haben.« Tylor verwendet den Begriff »Animismus« also für Religion an sich, d. h. sowohl für die moderne als auch für die primitive, da er den Glauben an göttliche Wesen vom Glauben an Seelen ableitet (das lateinische Wort *anima* steht für die Seele). In der primitiven Religion wohnt in jedem physischen Wesen, angefangen mit den Körpern der Menschen, eine Seele. Die Götter sind die Seelen in allen physischen Wesen mit Ausnahme der Menschen, die selbst nicht göttlich sind.

Die primitive Religion bildet deshalb das primitive Gegenstück zur Wissenschaft, weil beide Erklärungen der physischen Welt sind. Daher beschreibt Tylor primitive Religion auch als »Biologie der Wilden« und vertritt die These, dass »die mechanische Astronomie die animistische Astronomie primitiver Völker nach und nach überlagerte«, und außerdem, dass die »biologische Pathologie« seiner Zeit »nach und nach die animistische Pathologie überlagerte«. Das religiöse Erklärungsmodell ist zugleich ein personalistisches: Entscheidungen der Götter erklären die Ereignisse. Eine wissenschaftliche Erklärung ist demgegenüber unpersönlich: Die Gesetze der Mechanik erklären hier die Ereignisse. Die Wissenschaft in ihrer Gesamtheit hat die Religion als Erklärungsmodell der physischen Welt verdrängt, sodass sich Begriffe wie »animistische Astronomie« und »animistische Pathologie« nur noch auf den primitiven, nicht mehr auf den modernen Animismus beziehen. Moderne Religionen haben die physische Welt der Wissenschaft überlassen und sich in die nicht-physische Welt zurückgezogen, vor allem in den Bereich des Lebens nach dem Tod, also in den Bereich des Weiterlebens der Seele nach dem Ableben des Körpers. Während die Seele in der primitiven Religion noch als körperlich betrachtet wird, gilt sie der modernen Religion als etwas Unkörperliches und bleibt einzig auf den Bereich der Menschen beschränkt:

»Hier in unserem Land und unserer heutigen Zeit kann man beobachten, wie der Glaube, dass Tiere Seelen besitzen, langsam ausstirbt. Tatsächlich scheint der Animismus seine Außenposten zurückzuziehen, um sich auf seinen ersten und wichtigsten Stützpunkt zu konzentrieren, nämlich die Doktrin von der menschlichen Seele. [...] Die Seele hat ihre ätherische Substanz aufgegeben und ist zum entkörperlichten Wesen geworden, zum ›Schatten eines Schattens‹. Ihre Betrachtung ist losgelöst von den Forschungen der biologischen und geistigen Wissenschaft, die sich nun mit den Phänomenen des Lebens und der Gedankenwelt, der Sinne und des Intellekts, der Gefühle und des Willens auf der Grundlage reiner Erfahrung befassen. Auf diese Weise ist ein geistiges Produkt entstanden, dessen bloße Existenz von tiefer Bedeutung ist, eine ›Seelenkunde‹, die nicht länger mit der ›Seele‹ zu tun hat. Im Gedankengut der Moderne hat die Seele ihren Platz in der religiösen Metaphysik, und dort ist es ihre vordringliche Aufgabe, die religiösen Doktrinen der Zukunft mit einer geistigen Dimension auszustatten.« (Tylor, *Primitive Culture*, Bd. 2, S. 85)

Entsprechend werden die Götter, die in der primitiven Religion noch als körperliche Wesen betrachtet werden, in der modernen ebenfalls entkörperlicht. Damit verlieren sie aber auch ihre handelnde Funktion in der physischen Welt – Tylor geht davon aus, dass physische Wirkungen auch physische Ursachen haben müssen –, und die Religion hört auf, ein Erklärungsmodell der physischen Welt zu sein. Die Götter werden von der physischen Welt in die Gesellschaft verpflanzt. Sie werden zu Vorbildern für die Menschen, wie sie es bereits in Platons Vorstellung hätten sein sollen. Man zieht die Bibel nun heran, um etwas über Ethik, nicht aber, um etwas über Physik zu lernen. Man liest sie nicht mehr wegen der Schöpfungsgeschichte, sondern wegen der Zehn Gebote – ein Zweck, den für Platon auch ein bearbeiteter Homer hätte erfüllen können. Jesus wird zum Vorbild in seiner Eigenschaft als idealer Mensch, nicht mehr als Urheber von Wundern. Im Werk des viktorianischen Kulturkritikers Matthew Arnold kommt diese Sichtweise in ihrer reinsten Form zum Ausdruck.

Diese versöhnliche Position ähnelt der des kürzlich verstorbenen Evolutionsbiologen Stephen Jay Gould, für

den die Wissenschaft, allem voran die Evolution, gerade
deshalb mit der Religion vereinbar ist, weil diese beiden
Bereiche sich niemals überschneiden. Die Wissenschaft erklärt die physische Welt, die Religion gibt ethische An-
weisungen und gibt dem Leben Sinn:

> »Die Wissenschaft ist bemüht, die Fakten der physi-
> schen Welt zu dokumentieren und Theorien zu entwi-
> ckeln, die diese Fakten aufeinander abstimmen und er-
> klären. Die Religion hingegen erfüllt ihre Aufgabe im
> nicht weniger wichtigen, aber doch grundverschiede-
> nen Reich menschlicher Sinnsuchen, Ziele und Werte.«
> (Gould, *Rocks of Ages*, S. 4)

Doch während die Religion für Gould *schon immer* eine
andere Funktion als die Wissenschaft erfüllte, ist sie nach
Tylors Auffassung gewissermaßen zu einer Umschulung
gezwungen, nachdem die Wissenschaft sie gegen ihren
Willen arbeitslos gemacht hat. Ihre aktuelle Funktion
stellt zudem eine Degradierung dar. Damit nimmt Tylor in
gewisser Weise die Position des Biologen Richard Dawkins vorweg, wobei Dawkins, anders als Tylor, der Religion nicht einmal mehr eine niedere Aufgabe im Gefolge
der Wissenschaft zubilligt.

Für Tylor bedeutet der Niedergang der Religion als Erklärungsmodell der physischen Welt zugleich auch einen
Niedergang des Mythos, der damit auf die primitive Religion beschränkt bleibt. Obwohl Mythen im Grunde nur
nähere Ausführungen des Glaubens an Gottheiten sind,
kann der Glaube selbst den Aufstieg der Wissenschaft
überstehen, während dies dem Mythos nicht gelingt. Offenbar sind Mythen zu eng verknüpft mit der Vorstellung
von in der Welt handelnden Gottheiten, als dass ihnen ein
vergleichbarer Übergang von der Physik zur Metaphysik
möglich wäre. Dort, wo also ›moderne Religion‹ ist – und
das heißt eine Religion, die ihrer grundlegenden Rolle als

Erklärungsmodell enthoben wurde –, da kann kein moderner Mythos sein.

Indem er den Mythos ebenso in Opposition zur Wissenschaft setzt wie die Religion in ihrer Eigenschaft als Erklärungsmodell, verkörpert Tylor paradigmatisch die Sichtweise des 19. Jahrhunderts auf den Mythos. Im 20. Jahrhundert geht das Bestreben dahin, sowohl Mythos als auch Religion mit der Wissenschaft auszusöhnen, damit beide dem modernen Menschen weiterhin erhalten bleiben. Doch Tylors Sichtweise bleibt auf jeden Fall populär und wird vor allem von denjenigen übernommen, für die der Begriff »Mythos« Geschichten von römischen und griechischen Göttern bezeichnet.

Tylor zufolge macht die Wissenschaft den Mythos nicht nur überflüssig, sondern geradezu inakzeptabel. Er wird deshalb überflüssig, weil Erklärungsmodelle von Wissenschaft und Mythos nicht miteinander vereinbar sind, und zwar nicht nur, weil mythische Erklärungen personengebunden und wissenschaftliche unpersönlich sind, sondern vor allem, weil beide *direkte* Erklärungen für *identische* Ereignisse bieten. Die Götter handeln nicht hinter den unpersönlichen Kräften oder auch durch sie, sondern an ihrer Stelle. Dem Mythos zufolge sammelt beispielsweise der Regengott Regen in Gefäßen und beschließt dann, diese über einer bestimmten Stelle auszuleeren. Nach der wissenschaftlichen Erklärung sind meteorologische Vorgänge für den Regen verantwortlich. Man kann die mythische Begründung also nicht zur wissenschaftlichen hinzunehmen, da der Regengott sich nicht der meteorologischen Vorgänge bedient, sondern an ihrer Stelle agiert.

Streng genommen ist Kausalität im Mythos natürlich nie völlig personenbezogen. Die Entscheidung des Regengottes, den Regen über einer bestimmten Stelle niedergehen zu lassen, setzt physikalische Gesetze voraus, die für die Ansammlung des Regens im Himmel, für die Fähigkeit, diesen zu speichern, und für die Richtung, in der der Regen niedergeht, verantwortlich sind. Doch um seine klare Trennung zwischen Mythos und Wissenschaft aufrechtzuerhalten, würde Tylor zweifellos erwidern, dass es die Mythen selbst sind, die diese physikalischen Vorgänge ignorieren und sich nur auf die göttliche Entscheidung konzentrieren.

Nehmen wir an, Mythos und Wissenschaft seien unvereinbar. Doch warum betrachtet Tylor Mythen als unwissenschaftlich? Die Erklärung muss lauten, dass persönliche Beweggründe unwissenschaftlich sind. Warum das so ist? Tylor bleibt die Antwort schuldig. Mögliche Erklärungen könnten sein, dass persönliche Beweggründe – die Entscheidungen der göttlichen Handlungsträger – geistiger, unpersönliche Beweggründe dagegen materieller Natur sind, oder dass persönliche Beweggründe weder vorhersehbar noch nachprüfbar sind, während auf unpersönliche beides zutrifft, oder dass persönliche Beweggründe spezifisch, unpersönliche dagegen universell sind, und schließlich, dass persönliche Beweggründe endgültig oder zielgerichtet sind, während unpersönliche unmittelbare Auswirkungen haben. Doch keiner dieser Erklärungsversuche unterscheidet persönliche Beweggründe so scharf von unpersönlichen, dass sich problemlos nachvollziehen ließe, wie Tylor seine Überzeugung von der Unwissenschaftlichkeit des Mythos letztlich aufrechterhält.

Da Tylor diese Grundannahme niemals in Frage stellt, ist für ihn nicht nur selbstverständlich, dass der primitive Mensch ausschließlich über Mythen verfügt, sondern vor allem, dass dem modernen Menschen nur die Wissenschaft zur Verfügung steht. Es ist also kein Zufall, dass er vom »mythenbildenden Stadium« einer Kultur spricht. Für Tylor ist der Mythos nichts jenes ewige Phänomen, zu dem ihn Mircea Eliade, C. G. Jung und Joseph Campbell mit großer Geste erklären, sondern vielmehr nur eine zwar langsam, aber dennoch vorübergehende Phase. Der Mythos hat seine Aufgabe bravourös erfüllt, doch nun ist seine Zeit vorbei. Moderne Menschen, die am Mythos festhalten, haben seine Unvereinbarkeit mit der Wissenschaft entweder nicht begriffen oder weigern sich, diese Unvereinbarkeit anzuerkennen. Tylor nennt keinen eindeutigen Zeitpunkt für den Beginn des wissenschaftlichen Zeitalters, doch es fällt offensichtlich mit dem Beginn der Moderne zusammen und ist daher erst wenige Jahrhunderte alt. Da er bereits 1917 starb, konnte Tylor sich kein postmodernes Stadium vorstellen. Ein jüngerer Verfechter seiner Position ist der amerikanische Anthropologe David Bidney.

Die Tatsache, dass Tylor den Mythos gegen die Wissenschaft stellt, erklärt sich unter anderem daraus, dass er den Mythos als Bestandteil der Religion begreift. Für ihn gibt es keinen Mythos außerhalb des religiösen Kontextes, ungeachtet der Tatsache, dass die moderne Religion vollständig ohne Mythen auskommt. Da die primitive Religion den Gegenpol zur Wissenschaft bildet, trifft dies auch auf den Mythos zu. Und da Religion als solche wörtlich zu nehmen ist, muss dasselbe für den Mythos gelten.

Ein weiterer Grund dafür, warum Tylor den Mythos gegen die Wissenschaft stellt, besteht darin, dass er ihn beim Wort nimmt. Er wendet sich gegen diejenigen, die Mythen symbolisch, poetisch oder metaphorisch lesen – seines Erachtens sind dies austauschbare Begriffe. Außerdem wendet er sich gegen die »moralischen Allegoriker«, denen der Mythos von Helios, der seinen Wagen tagtäglich über den Himmel lenkt, als Mahnung zur Selbstdisziplin dient. Ebenso verurteilt er die »Euhemeristen«, für die Mythen nur eine anschauliche Möglichkeit darstellen, die Großtaten lokaler oder nationaler Helden zu schildern. (Euhemeros war ein Mythenautor im alten Griechenland und begründete die Tradition, nach realen historischen Grundlagen mythischer Ereignisse zu suchen.) Für Tylor bietet der Helios-Mythos eine Erklärung dafür,

warum die Sonne auf- und untergeht. Diese erklärende
Funktion macht eine wörtliche Lektüre geradezu zwin-
gend. Weder die Allegoriker noch die Euhemeristen betrachten Mythen als primitives Gegenstück zur Wissenschaft, da sie, symbolisch gelesen, von Menschen handeln
und nicht mehr von Göttern oder von der Welt. Für die
Allegoriker sind Mythen zudem unwissenschaftlich, denn
liest man sie symbolisch, geben sie den Menschen Verhal-
tensregeln an die Hand, anstatt ihr tatsächliches Verhalten
zu erklären.

Sowohl die moralische Allegorie als auch der Euhemerismus lassen sich als Interpretationsmöglichkeiten von
Mythen bis in die Antike zurückverfolgen. Zeitgenössische Vertreter beider Richtungen sind für Tylor von dem
Wunsch beseelt, den Mythos auch im Angesicht der deutlich modernen Herausforderung der Wissenschaft zu bewahren. Doch während Tylor diejenigen, die Götter als
reine Metaphern des Menschen verstehen, als »Euhemeristen« schmäht, nahmen es die antiken Euhemeristen im
Allgemeinen als gegeben an, dass Götter, einmal als solche
postuliert, auch als Götter interpretiert werden sollten. Sie
wiesen lediglich darauf hin, dass diese Götter aus einer
Überhöhung des Menschen *entstanden* seien, wie Tylor ja
auch selbst einräumt. Die Euhemeristen der Antike ver-
traten die Ansicht, die ersten Götter seien ursprünglich
große Könige gewesen, die nach ihrem Tod zu Gottheiten
erklärt wurden. Euhemeros selbst war der Meinung, die
ersten Götter seien Könige gewesen, die bereits zu Leb-
zeiten vergöttert wurden.

Eine Gegenposition zu Tylor nimmt ein weiterer Vikto-
rianer, der deutschstämmige Indologe Friedrich Max Müller (1823–1900), ein, der sein ganzes berufliches Leben in
Oxford verbrachte. Während moderne Leser Tylor zufolge Mythen missverstehen, indem sie diese symbolisch
deuten, wurden nach Müllers Auffassung Mythen oder
mythische Informationen bereits in der Antike missver-

standen, indem man sie zunehmend wörtlich nahm. Ursprünglich symbolische Beschreibungen von Naturphänomenen wurden dabei als wortwörtliche Beschreibungen göttlicher Eigenschaften verstanden. So wurde die poetische Beschreibung des Meeres als ›wütend‹ schließlich zum Attribut der für das Meer verantwortlichen Gottheit, und der Mythos entstand als Erklärung des Attributs. Nach Müllers Meinung entwickelte sich die Mythologie durch die Tatsache, dass antike Sprachen keine oder so gut wie keine abstrakten Substantive und außerdem kein Neutrum besitzen. So verwandelt jede Bezeichnung für die Sonne, beispielsweise ›Wärmespender‹, eine abstrakte, unpersönliche Sache unweigerlich in eine Person. Spätere Generationen erfanden dann Mythen, um den jeweiligen Gott oder die jeweilige Göttin mit einer Lebensgeschichte auszustatten.

Eine Tylor'sche Annäherung an den Adonis-Mythos würde diesen als notwendige Erklärung für eine besonders beeindruckende Beobachtung deuten. Für Tylor bieten die Versionen des Apollodorus und des Ovid eine Erklärung für das Vorhandensein der Myrrhe. Ovids Version erklärt darüber hinaus noch die Entstehung der Anemone sowie die auffallend kurze Lebensdauer dieser Blume, die das kurze Leben des Adonis symbolisieren soll. Dehnt man dies von der Anemone auf weitere Blumen und die gesamte Pflanzenwelt aus, so könnte der Mythos eine Erklärung dafür abgeben, warum diese Wesen nicht nur sterben, sondern auch immer wiedergeboren werden. Nach Tylor müsste Adonis aber ein Gott sein und kein Mensch, und der Mythos müsste den jährlichen Kreislauf der Blumen- und Pflanzenwelt in seiner Gesamtheit seiner alljährlichen Reise in und Rückkehr aus der Unterwelt zuschreiben. Adonis' endgültiger Tod fiele nicht ins Gewicht. Der Hauptakzent läge auf seiner Macht, die Wesenheiten der Natur zu kontrollieren, für die er verantwortlich ist. Der Zweck des Mythos wäre rein intellektueller Natur: Man wüsste, warum Pflanzen sich so sonderbar verhalten und sterben, um dann wiederzukehren, anstatt ein für alle Mal zugrunde zu gehen.

Doch der Mythos selbst stellt keine Verbindung zwischen Adonis' jährlicher Reise und dem Kreislauf der Pflanzenwelt her, auch wenn das Ritual des Säens in den schnell wachsenden und ebenso schnell welkenden ›Gärten des Adonis‹ eine solche Verbindung aufzeigt. Und selbst dann, wenn der Mythos den Vegetationskreislauf mit der Reise verbinden würde, wäre diese Auswirkung auf die Pflanzenwelt doch keiner Entscheidung von Seiten des Adonis zuzuschreiben, wie Tylor es aber vorsieht: Die Auswirkung ist vielmehr die automatische Konsequenz seines Handelns.

Außerdem bliebe ein großer Teil des Mythos ausgespart. Tylors Theorie kann die Themen Inzest, Liebe, Eifersucht und Sexualität schlicht nicht abdecken. Genauer gesagt könnte eine Theorie das nur, wenn es sich um Motive in der Figur des Adonis handeln würde. Im Mythos werden diese Motive jedoch den Figuren um ihn herum zugeordnet. Adonis selbst ist weniger Handlungsträger als vielmehr passives Objekt. Und so wundersam die Ereignisse in seinem Leben auch sein mögen: Er bleibt doch ein Mensch und wird kein Gott. Insgesamt scheint der Mythos sehr viel mehr an seinen Beziehungen zu anderen Figuren interessiert zu sein als an den Auswirkungen, die er oder die anderen auf die physische Welt haben.

Tylors Theorie eignet sich eher für Mythen, die einen expliziten Schöpfungsbericht oder besser noch wirkungsmächtige physikalische Phänomene zum Gegenstand haben. Nehmen wir beispielsweise das erste Kapitel der Genesis, das sich anhand dieses Kriteriums für Tylor eindeutig als Mythos qualifizieren würde. Zunächst seien ein paar Passagen daraus zitiert:

»Und Gott sprach: Es sammle sich das Wasser unter dem Himmel an besondere Orte, daß man das Trockene sehe. Und es geschah so. Und Gott nannte das Trockene Erde, und die Sammlung der Wasser nannte er Meer. Und Gott sah, daß es gut war.« (Genesis 1,9–10; Luther-Übersetzung)

»Und Gott sprach: Es wimmle das Wasser von lebendigem Getier, und Vögel sollen fliegen auf Erden unter der Feste des Himmels. Und Gott schuf große Walfische und alles Getier, das da lebt und webt, davon das Wasser wimmelt, ein jedes nach seiner Art, und alle gefiederten Vögel, einen jeden nach seiner Art. Und Gott sah, daß es gut war.« (Genesis 1,20–21)

»Und Gott sprach: Lasset uns Menschen machen, ein Bild, das uns gleich sei, die da herrschen über die Fische im Meer und über die Vögel unter dem Himmel und über das Vieh und über alle Tiere des Feldes und über alles Gewürm, das auf Erden kriecht. Und Gott schuf den Menschen zu seinem Bilde, zum Bilde Gottes schuf er ihn; und schuf sie als Mann und Weib. Und Gott segnete sie und sprach zu ihnen: Seid fruchtbar und mehret euch und füllet die Erde und machet sie euch untertan […]. Und Gott sah an alles, was er gemacht hatte, und siehe, es war sehr gut.« (Genesis 1,26–31)

Tylors Theorie passt sehr viel besser auf die Elemente der Welt, die nicht nur ein für alle Mal wie das Festland und das Meer festgelegt wurden, sondern auch wiederkehren, wie der Regen, die Jahreszeiten oder, in der Geschichte von Noah, der Regenbogen. Das erste Kapitel des Buches Genesis bezieht sich auf zahlreiche wiederkehrende Phänomene: Tag und Nacht, Sonne und Mond und alle Lebewesen. Und doch würde Tylors Theorie erfordern, dass solche wiederkehrenden Phänomene Ergebnis der wiederkehrenden Entscheidungen von Gottheiten sind. Für Tylor haben Götter in der physischen Welt dieselbe Funktion wie der Mensch in der Gesellschaft: Sie entscheiden sich jedes Mal aufs Neue für das Gleiche. Sie erschaffen nichts, das einfach weiterexistierte, wie es die Götter bei anderen Theoretikern wie Bronislaw Malinowski und Eliade tun.

Doch selbst wenn Tylors Theorie dem Schöpfungsprozess der Genesis vollkommen entsprechen würde, würde doch ein großer Teil außerhalb der Reichweite der Theorie liegen. Der Mythos erklärt die Schöpfung nicht nur, er bewertet sie auch, indem er sie immer wieder als gut bezeichnet. Da Tylor Mythen so beharrlich mit der Wissenschaft gleichsetzt, räumt er moralischen Vorstellungen keinen Platz darin ein, wie schon seine Ablehnung der moralischen Allegoriker zeigt. Nach seiner Theorie dürfte das erste Kapitel der Genesis die Schöpfung einfach nur erklären, nicht bewerten. Auf ganz ähnliche Weise erklärt die Geschichte nicht nur die Erschaffung des Menschen, sondern erhebt ihn zugleich über den Rest der Schöpfung, indem sie ihm das Recht und die Pflicht verleiht, über die physische Welt zu herrschen. Beschränkt sich das ›Bild‹ Gottes, nach dem der Mensch geschaffen wurde, darüber hinaus nicht nur auf anatomische Aspekte, so greift Tylors Theorie auch hier zu kurz.

Und schließlich: Angenommen, dass Tylors Theorie zuträfe, was würde sie beweisen? Es mag gut und schön sein, wenn eine Theorie zu einem Mythos passt, doch das, zu dem sie passt, auch tatsächlich zu erläutern, ist etwas völlig anderes. Was kann uns Tylors Theorie mitteilen, was wir nicht auch ohne sie wüssten? Man könnte ihn wohl kaum nach der tatsächlichen Bedeutung eines Mythos fragen, denn Tylor hat sich dem wörtlichen Verständnis von Mythen verschrieben: Ein Mythos *bedeutet* das, was er sagt. So richtet sich sein Beitrag vorwiegend auf Fragen nach dem Ursprung und der Funktion von Mythen. Das erste Kapitel der Genesis, so würde er argumentieren, hat seinen Ursprung nicht in wilden Spekulationen über die Welt, sondern in der wiederholten Beobachtung wiederkehrender und dabei immer noch erstaunlicher natürlicher Vorgänge, die eine Erklärung erfordern. Unter den Kreationisten fände Tylor ein dankbares Publikum – und zwar nicht deshalb, weil er das erste Kapitel der Genesis als korrekte Darstellung des Ursprungs der Welt betrachtet, sondern weil er es überhaupt als eine, noch dazu als eine eindeutig religiöse Darstellung betrachtet. Tylor könnte als Korrektiv jener Theologen des 20. Jahrhunderts dienen, die, um die Bibel dem modernen Menschen zugänglicher zu machen, behaupten, das Buch Genesis sei alles, nur kein Schöpfungsbericht – eine Sichtweise, die, wie wir im nächsten Kapitel sehen werden, der Sicht Rudolf Bultmanns auf das Neue Testament entspricht.

J. G. Frazer

Die Tylor'sche Perspektive auf das Verhältnis, in dem Mythos und Wissenschaft bzw. Religion und Wissenschaft zueinander stehen, ist nur eine von vielen. J. G. Frazer (1854–1941), gebürtiger Schotte, Altphilologe in Cambridge und ebenfalls wegweisender Anthropologe, steht Tylor am nächsten. Für Frazer wie für Tylor sind Mythen ein Teil primitiver Religion. Primitive Religion wiederum ist Teil der Philosophie, die ihrerseits universell und außerdem Gegenpol zu den Naturwissenschaften ist, die wiederum ganz und gar der Moderne angehören. Primitive Religion und Wissenschaft schließen einander, wie schon bei Tylor, aus. Die primitive Religion irrt, die Wissenschaft hat Recht. Doch während für Tylor die primitive Religion einschließlich des Mythos als Gegenstück der Wissenschaftstheorie fungiert, ist sie bei Frazer vielmehr Gegenstück zur angewandten Wissenschaft bzw. zur Technologie. Und während sie bei Tylor dazu dient, Vorgänge der physischen Welt zu erklären, dient sie bei Frazer umso mehr dazu, diese Vorgänge, vor allem das Wachstum der Pflanzen, auszulösen. Tylor behandelt Mythen als autonome Texte, Frazer bindet sie an Rituale, die diese Mythen ausagieren.

Frazer zieht Adonis als Hauptbeispiel für den entscheidenden Mythos einer jeden Mythologie heran, nämlich die Lebensgeschichte des wichtigsten Gottes, des Gottes der Pflanzenwelt. Nach Frazer wurde der Adonis-Mythos im Ritual ausagiert, und dieser ritualistischen Darstellung wurde dem Glauben nach zugetraut, mittels Magie das real hervorzurufen, was zuvor im Mythos dargestellt worden war. Die Darstellung der Wiederauferstehung des Adonis löste diese also gleichzeitig aus – und damit auch die Wiederauferstehung der Pflanzen. Der Mythos diente somit nicht einfach nur als Erklärung der Frage, warum Pflanzen sterben – sie sterben, weil Adonis stirbt, indem er in das Reich der Toten hinabsteigt –, sondern der Mythos besaß die konkrete Funktion, die Pflanzen wiederzubeleben. Glaubt man Frazer, hätte der Zweck des Mythos praktischer kaum sein können: Er diente der Vermeidung einer Hungersnot. Wir werden uns dieser Deutung des Adonis-Mythos im vierten Kapitel ausführlicher widmen.

Sowohl Tylors als auch Frazers Theorie vom Mythos als primitivem Gegenstück zur Wissenschaft bergen die große Schwierigkeit, dass sie so offensichtlich an der Erklärung scheitern, warum der Mythos in der Nachfolge der Wissenschaft überhaupt erhalten geblieben ist. Angenommen, er hat keine andere Funktion als die Wissenschaft, warum gibt es ihn dann noch? Natürlich könnten Tylor und Frazer umgehend erwidern, dass das noch Vorhandene sich nicht mehr als Mythos qualifiziert, weil es keine wissenschaftsähnliche Funktion erfüllt. Im Gegensatz dazu vertritt der zeitgenössische deutsche Philosoph Hans Blumenberg (1920–1996) die Ansicht, dass gerade das Weiterleben des Mythos Seite an Seite mit der Wissenschaft beweise, dass Mythen zu *keinem Zeitpunkt* dieselbe Funktion hatten wie die Wissenschaft. Doch weder Blumenberg noch Tylor oder Frazer liefern eine Erklärung dafür, warum Mythen oder auch die Religion in ihrer Gesamtheit immer wieder als Ergänzung der Wissenschaft zusätzlich herangezogen werden, um physikalische Vorgänge zu erklären.

Immer dann, wenn beispielsweise eine Handvoll Passagiere einen Flugzeugabsturz überlebt, gibt es für den Absturz selbst eine wissenschaftliche Erklärung, das Überleben der Passagiere wird jedoch häufig dem Eingreifen Gottes zugeschrieben, nicht etwa der Stelle, an der sich ihre Sitzplätze befanden. Tylor und Frazer würden sicherlich einwenden, dass die Überlebenden die Unvereinbarkeit ihrer religiös motivierten Erklärung mit einer wissenschaftlichen Erklärung schlicht nicht akzeptieren. Doch ein solcher Appell an die Konsequenz wird offensichtlich durch ein dringenderes Bedürfnis unterlaufen, das nur durch religiöse Erklärungen befriedigt werden kann.

Lucien Lévy-Bruhl

Als Erwiderung auf Tylor, Frazer und andere Mitglieder der Gruppierung, die er selbst etwas ungenau als »englische Anthropologenschule« bezeichnet, besteht der französische Philosoph und Lehnstuhlanthropologe Lucien Lévy-Bruhl (1857–1939) auf einer sehr viel schärferen Trennung von Mythos und Wissenschaft. Während sich für Tylor und Frazer das Denken primitiver Menschen nicht grundlegend von dem moderner Menschen unterscheidet, sondern nur weniger stringent ist, denken Naturvölker für Lévy-Bruhl vollkommen anders als moderne. Für Tylor und Frazer ist das primitive Denken zwar falsch, aber dennoch logisch organisiert. Lévy-Bruhl hingegen hält es für offensichtlich unlogisch oder – um seinen eigenen bevorzugten Begriff zu verwenden – für »prälogisch«.

Nach Lévy-Bruhl glauben Naturvölker nicht, wie Tylor es darstellt, dass alle Naturphänomene individuelle, menschliche Seelen bzw. Götter besitzen, sondern vielmehr, dass sämtliche Phänomene – einschließlich des Menschen und seiner Artefakte – Teil eines unpersönlichen, heiligen oder auch mystischen Reiches sind, das die physische Welt durchdringt. Die Naturvölker glauben weiterhin, dass die »Partizipation« an allen Dingen dieser mystischen Realität es einzelnen Phänomenen nicht nur ermöglicht, einander auf magische Weise zu beeinflussen, sondern auch miteinander eins zu werden und dennoch zu bleiben, was sie sind: »Ich möchte sagen, daß in den Kollektivvorstellungen des primitiven Denkens die Gegenstände, Wesen, Erscheinungen auf eine uns unverständliche Weise sie selbst und zugleich etwas anderes als sie selbst sein können.« So behaupten die brasilianischen Bororo von sich, rote Aras zu sein, Papageien also, zugleich aber auch Menschen. Lévy-Bruhl bezeichnet einen solchen Glauben als prälogisch, weil dieser Glauben das Gesetz vom ausgeschlossenen Widerspruch bzw. die Überzeugung verletzt, dass ein Ding nicht gleichzeitig es selbst und ein anderes sein kann.

Während für Tylor und Frazer der Mythos dieselben Beobachtungen, Schlussfolgerungen und Generalisierungen wie die Wissenschaft einschließt – zumindest die Wissenschaft, wie sie sie verstehen –, ist für Lévy-Bruhl mythisches Denken das genaue Gegenteil von wissenschaftlichem Denken. Nach Tylors und Frazers Auffassung nimmt der primitive Mensch dieselbe Welt wahr wie der moderne, er verarbeitet sie einfach nur anders. Für Lévy-Bruhl dagegen sieht und erfasst der primitive Mensch die Welt ganz anders als der moderne: Er begreift sie als identisch mit sich selbst.

Wie für Tylor und Frazer ist Mythos auch für Lévy-Bruhl Teil der Religion, wobei Religion etwas Primitives darstellt und die Moderne die Wissenschaft an die Stelle der Religion setzt. Doch während Tylor und Frazer sowohl Religion als auch Wissenschaft unter den Oberbegriff der Philosophie fassen, setzt Lévy-Bruhl Philosophie mit einem Denken gleich, das frei von jeder mystischen Identifikation mit der Welt ist. Primitives Denken ist deshalb unphilosophisch, weil es sich nicht von der Welt löst. Der primitive Mensch verfügt über eine ganz eigene Geisteshaltung, die sich in seinen Mythen ausdrückt.

Selbst der Zweck, für den diese Mythen geschaffen wurden, liegt für Lévy-Bruhl vor allem in einer emotionalen Beteiligung und nicht, wie für Tylor und Frazer, in intellektueller Distanzierung. Naturvölker verwenden die Religion und vor allem die Mythen nicht, um die Welt zu erklären oder zu steuern, sondern um mit ihr in Dialog zu treten oder, noch genauer, um jene ›mystische‹ Zwiesprache zu reetablieren, die nach und nach aus ihr verschwunden ist:

»Dort, wo die Partizipation der Individuen an der sozialen Gruppe noch unmittelbar gefühlt wird, dort, wo die Partizipation der Gruppe an den umgebenden Wesensgruppen noch wirklich erlebt wird, das heißt also, solange die Periode mystischer Symbiose währt, sind die Mythen selten und arm [...]. Sollten also auch die Mythen Erzeugnisse einer primitiven Geistesart sein, die erst dann in Erscheinung treten, wenn jene sich bemüht, eine Partizipation herzustellen, die nicht mehr unmittelbar gefühlt wird, die also zu Mittelgliedern ihre Zuflucht nimmt, zu Vehikeln, deren Bestimmung es ist, eine Vereinigung zu bewerkstelligen, welche nicht mehr erlebt wird?« (Lévy-Bruhl, *Das Denken der Naturvölker*, S. 327 f.)

Angenommen, man würde ihm den Adonis-Mythos vor-
legen, so würde sich Lévy-Bruhl sicherlich auf Adonis'
mystische Beziehung zur Welt konzentrieren. Ovids Adonis missachtet alle Warnungen in Bezug auf die Gefahren
der Welt, weil er glaubt, in ihr zu Hause zu sein, weil er
sich eins fühlt mit ihr. Den Göttinnen kann er nicht widerstehen, weil er in ihnen seine Mutter sieht, mit der er
keinen Geschlechtsverkehr, sondern ein Verschmelzen wie
im Mutterleib sucht. Zwischen ihm und den Göttinnen
besteht jener ursprüngliche Zustand der Einheit, den
Lévy-Bruhl als *participation mystique* bezeichnet.

Bronislaw Malinowski

Eine Reaktion auf Lévy-Bruhl bestand darin, die philosophischen Aspekte des Mythos wieder hervorzuheben –
das nächste Kapitel befasst sich mit diesem Thema.
Hauptvertreter der Richtung waren Paul Radin und Ernst
Cassirer. Eine weitere Reaktion war es, zwar Lévy-Bruhls
Trennung des Mythos von der Philosophie, nicht jedoch
seine Darstellung des Mythos als prälogisch oder prä-
wissenschaftlich zu akzeptieren. Hier ist besonders der
polnischstämmige Anthropologe Bronislaw Malinowski
(1884–1942) zu nennen, der bereits früh nach England
ging. Vertritt Lévy-Bruhl die These, der primitive Mensch
versuche mit der Natur zu kommunizieren, anstatt sie erklären zu wollen, ist Malinowski der Ansicht, dass der
primitive Mensch die Natur zu kontrollieren anstatt sie zu
erklären sucht. Für beide ist ein philosophischer Ansatz
gleichbedeutend mit einem intellektuellen Erklärungsver-
such, und beide verbinden diesen Ansatz mit Großbritan-
nien, was in Malinowskis Fall nur Tylor, nicht aber Frazer
betrifft. Beide führen eine solche künstliche Deutung des
Mythos und der Religion im Allgemeinen auf eine ebenso
künstliche Deutung des primitiven Denkens zurück.

Malinowski zieht Frazer heran, der Mythos und Religion als primitiven Gegenpol zur angewandten Wissenschaft betrachtet. Auf diese Weise argumentiert er, dass der primitive Mensch zu sehr damit beschäftigt sei, sein Überleben in der Welt zu sichern, als dass er sich noch den Luxus leisten könnte, sie zu reflektieren. Während der primitive Mensch Frazer zufolge Mythen *anstelle* von Wissenschaft verwendet, die wiederum als ausschließlich moderne Erscheinung betrachtet wird, verwendet er nach Malinowskis Ansicht den Mythos als *Ersatz* für Wissenschaft. Naturvölker verfügen nicht nur über das Gegenstück zur Wissenschaft, sondern auch über die Wissenschaft selbst: »Wenn man unter Wissenschaft einen Komplex von Regeln und Konzeptionen versteht, die auf Erfahrung beruhen und von dieser durch logische Folgerung abgeleitet sind, die sich in materiellen Leistungen und in einer festgelegten traditionellen Form darstellen und durch eine Art sozialer Organisation getragen werden, dann gibt es keinen Zweifel, daß die Gemeinschaften von Primitiven sogar auf der niedrigsten Stufe die – wenn auch elementaren – Anfänge von Wissenschaft besitzen.« (Malinowski, »Magie, Wissenschaft und Religion«, S. 19 f.) Der primitive Mensch nutzt die Wissenschaft, um die physische Welt zu kontrollieren. Dort, wo er an die Grenzen der Wissenschaft stößt, wendet er sich der Magie zu.

Dort jedoch, wo er an die Grenzen der Magie stößt, wendet der Primitive sich dem Mythos zu – nicht so sehr, wie Frazer annimmt, um größere Kontrolle über die Welt zu haben, sondern um sich im Gegenteil mit jenen Aspekten der Welt zu versöhnen, die sich seiner Kontrolle entziehen, nämlich Naturkatastrophen, Krankheit, Alter und Tod. Mythen, die beileibe nicht auf die Religion beschränkt bleiben, verorten diese Übel in den unumkehrbaren, vorzeitlichen Taten von Göttern oder Menschen. Einem typischen Mythos zufolge altern die Menschen, weil zwei Vorfahren sich eine Dummheit zuschulden kommen ließen, durch die das Alter unwiderruflich in die Welt kam: »Die ersehnte Kraft ewiger Jugend und die Fähigkeit zur Verjüngung, die Immunität gegenüber Verfall und Alter verleiht, wurden durch einen kleinen Vorfall verloren, den ein Kind und eine Frau hätten verhindern können.« (Malinowski, »Der Mythos in der Psychologie der Primitiven«, S. 119)

Mythen erklären, wie beispielsweise Überflutungen zustande kommen – ein Gott oder ein Mensch hat sie zu verantworten. Die primitiven Formen der Wissenschaft und der Magie bemühen sich, etwas gegen diese Katastrophen zu unternehmen. Der Mythos jedoch besagt, dass nichts gegen sie unternommen werden kann. Mythen, die dazu da sind, den primitiven Menschen mit dem Unabänderlichen zu versöhnen, handeln stets von physikalischen Phänomenen. Im Gegensatz dazu wollen Mythen, die gesellschaftliche Phänomene wie Bräuche und Gesetze zum Thema haben, die Naturvölker dazu bringen, etwas zu akzeptieren, *obwohl* man Widerstand gegen dieses Etwas leisten könnte. Dies wird im achten Kapitel noch ausführlicher zur Sprache kommen.

Was würde Malinowski nun zum Adonis-Mythos sagen? Wahrscheinlich würde er ihn vor allem als Ausdruck der Unausweichlichkeit des Todes für alle Menschen deuten und würde Adonis als Menschen, nicht als Gott betrachten und seinen achtlosen Umgang mit der Sterblichkeit als lehrreich für andere verstehen. Doch Malinowskis Theorie ließe sich nur dann richtig anwenden, wenn der Mythos die Sterblichkeit *begründet*, anstatt sie einfach vorauszusetzen. Für Malinowski – und, wie wir noch sehen werden, auch für Eliade – handeln Mythen von Ursprüngen. Malinowski würde Ovids Version des Mythos also letztlich nur als ausführliche Erklärung für die Existenz der Anemone betrachten, und es bliebe ihm überlassen zu zeigen, welche Rolle diese Blume im Leben der alten Griechen oder Römer spielte. Wie Tylor würde auch er den Mythos beim Wort nehmen.

Claude Lévi-Strauss

Der französische Strukturalist und Anthropologe Claude Lévi-Strauss (geb. 1908) wendet sich sowohl gegen Malinowskis Auffassung, der primitive Mensch sei praktisch und weniger intellektuell orientiert, als auch gegen Lévy-Bruhls Auffassung, der Primitive orientiere sich eher emotional als intellektuell, und macht sich an das gewagte Vorhaben, eine intellektuelle Perspektive auf die Naturvölker und ihre Mythen zu rekonstruieren. Doch auf den ersten Blick fühlt man sich bei Lévi-Strauss einfach in Tylors Zeiten zurückversetzt. Denn wie für Tylor ist der Mythos auch für Lévi-Strauss ein rein primitives, zugleich aber doch streng intellektuelles Unterfangen. Erklärt er, dass Naturvölker, die »von dem Bedürfnis oder dem Wunsch beseelt sind, die Welt um sich her zu begreifen [...], sich dabei geistiger Mittel bedienen, ebenso wie es ein Philosoph oder bis zu einem gewissen Grad auch ein Wissenschaftler kann und tut«, ist Lévi-Strauss' Denken oberflächlich betrachtet kaum von Tylors zu unterscheiden.

In Wahrheit jedoch steht er Tylor, nach dessen Auffassung Naturvölker sich an der Stelle von Wissenschaft Mythen schaffen, weil sie weniger stringent denken als moderne Menschen, ausgesprochen kritisch gegenüber. Nach Lévi-Strauss' Ansicht schafft der primitive Mensch sich deshalb Mythen, weil er ganz anders als der moderne Mensch denkt. Doch im Gegensatz zur Auffassung Lévy-Bruhls denkt der primitive Mensch durchaus und auch durchaus stringent. Sowohl Tylor als auch Lévi-Strauss betrachten den Mythos als Paradebeispiel für primitives Denken.

Während Tylor primitives Denken als personalistisch und modernes Denken als unpersönlich versteht, ist primitives Denken für Lévi-Strauss konkret und modernes abstrakt. Primitives Denken betrachtet Phänomene qualitativ und nicht, wie modernes Denken, quantitativ. Es konzentriert sich auf ihre sinnlich wahrnehmbaren Aspekte, nicht, wie modernes Denken, auf die nicht sinnlich wahrnehmbaren:

> »Für diese Menschen [d. h. die Naturvölker] [...] besteht die Welt aus Steinen, Pflanzen, Tieren, Geräuschen, Farben, Konsistenzen, Geschmäckern, Gerüchen [...] Das, was das wilde vom [modernen] wissenschaftlichen Denken trennt, liegt auf der Hand – und es handelt sich ganz sicher nicht um ein höheres oder geringeres Verlangen nach Logik. Mythen bedienen genau diejenigen Wahrnehmungsfähigkeiten, die das moderne Denken der Wissenschaft mit der Geburt der modernen Wissenschaft ausgetrieben hatte.« (Lévi-Strauss im Gespräch mit André Akoun, »A Conversation with Claude Lévi-Strauss«, S. 39)

Doch ganz im Gegensatz zu Tylor hält Lévi-Strauss Mythen keineswegs für weniger wissenschaftlich als die moderne Wissenschaft. Mythen sind einfach nur Teil der ›konkreten Wissenschaft‹, im Gegensatz zur abstrakten Wissenschaft:

> »[E]s [gibt] nämlich zwei Arten wissenschaftlichen Denkens [...], die beide Funktion nicht etwa ungleicher Stadien der Entwicklung des menschlichen Geistes, sondern zweier strategischer Ebenen sind, auf denen die Natur mittels wissenschaftlicher Erkenntnis angegangen werden kann, wobei die eine, grob gesagt, der Sphäre der Wahrnehmung und der Einbildungskraft angepaßt, die andere von ihr losgelöst wäre [...].« (Lévi-Strauss, *Das wilde Denken*, S. 27)

Während der Mythos für Tylor das primitive Gegenstück zur Wissenschaft an sich bildet, ist er für Lévi-Strauss das primitive Gegenstück zur modernen Wissenschaft. Mythen *sind* Wissenschaft, sie sind Wissenschaft in zwar primitiver, aber doch keineswegs minderwertiger Form.

Angenommen, der Mythos ist eine Erscheinungsform des primitiven Denkens, weil er sich mit konkreten, fassbaren Phänomenen beschäftigt, ist er auch eine Erscheinungsform des Denkens an sich, weil er diese Phänomene klassifiziert. Lévi-Strauss ist der Ansicht, dass Menschen grundsätzlich in Klassifikationen denken. Sie denken vor allem in Gegensatzpaaren, die sie dann auf die Welt projizieren. Zahllose kulturelle Phänomene sind Ausdruck solcher Gegensatzpaare. Mythen zeichnen sich vor allem dadurch aus, dass sie die in ihnen ausgedrückten Gegensätze auflösen bzw. ausgleichen. Während Mythen für Tylor der Wissenschaft entsprechen, weil sie über die reine Beobachtung hinausgehen und Erklärungen bieten, sind sie für Lévi-Strauss absolut wissenschaftlich, weil sie über das reine Aufzeichnen beobachteter Gegensätze hinausgehen und versuchen, die Gegensätze aufzulösen. Diese Gegensätze finden sich nicht in der Handlung oder im Mythos selbst, sondern in dem, was Lévi-Strauss mit dem berühmt gewordenen Begriff »Struktur« bezeichnet. Der im Anschluss daran »Strukturalismus« genannten Herangehensweise ist ein eigenes Kapitel, das siebte, gewidmet, in dem auch der Adonis-Mythos ausführlich analysiert werden wird.

Robin Horton

Gegen Tylors Deutung, mythische und religiöse Erklärungen seien personalistisch und wissenschaftliche Erklärungen seien unpersönlich, wendet sich der englische Anthropologe Robin Horton (geb. 1932), der in Nigeria arbeitet. Horton orientiert sich so weitgehend an Tylor, dass er bereits als »Neo-Tylorianer« bezeichnet wurde – eine Bezeichnung, die eigentlich abwertend gemeint war, von ihm jedoch mit Stolz akzeptiert wurde. Ähnlich wie Tylor versteht auch Horton sowohl Religion als auch Wissenschaft als Erklärungsmodelle der physischen Welt. Ähnlich wie Tylor bewertet er religiöse Erklärungen als primitiv – dabei zieht er den weniger tendenziösen Begriff »traditionell« vor – und wissenschaftliche Erklärungen als modern. Und wie Tylor ist er der Ansicht, dass diese Erklärungen sich gegenseitig ausschließen. Obwohl Horton sich dem Mythos nicht im Einzelnen widmet, begreift er ihn doch, wie Tylor, als Teil der Religion.

Horton stellt die Gleichsetzung von Religion mit personalistischen und Wissenschaft mit unpersönlichen Erklärungen nicht grundsätzlich in Frage. Doch anders als Tylor, der sich geradezu von diesem Aspekt besessen zeigt, reduziert er ihn auf einen bloß »idiomatischen Unterschied in Hinblick auf das Erklärungsunterfangen«. Horton hält den Einsatz persönlicher Beweggründe für die Erklärung von Ereignissen für nicht weniger empirisch als den Einsatz unpersönlicher Beweggründe – auch wenn er dieses Vorgehen, im Einklang mit Tylor und im Gegensatz zu Lévi-Strauss, noch nicht als wissenschaftlich betrachtet.

Tylor schreibt personalistische Erklärungsmodelle dem weniger kritischen Denken der primitiven Menschen zu. Diese Menschen geben sich mit der ersten Erklärung zufrieden, die sich ihnen bietet. Wie Kinder bilden sie Analogien zu ihnen vertrauten Erklärungen menschlichen Verhaltens. Auch Horton geht davon aus, dass der primitive Mensch auf Vertrautes zurückgreift, er ist jedoch der Ansicht, dass es dem modernen Menschen nicht anders geht. Vertraute Phänomene sind Ausdruck von Ordnung und Regelmäßigkeit. Da sich »das menschliche Leben in komplexen, schnelllebigen Industriegesellschaften ständig im Fluss befindet«, finden sich Ordnung und Regelmäßigkeit stattdessen »in der Welt der unbelebten Dinge«. Auf der Suche nach erklärenden Analogien wendet sich der menschliche Geist daher »nur allzu bereitwillig dem Un-

belebten« zu. In afrikanischen Gesellschaften hingegen
finden sich Ordnung und Regelmäßigkeit »sehr viel selte-
ner« im Reich der unbelebten Dinge als im menschlichen
Umfeld, denn es ist »geradezu unvorstellbar, dass Dinge
vertrauter sind als Menschen«. Und so »befasst sich der
Geist auf der Suche nach erklärenden Analogien ganz
selbstverständlich mit den Mitmenschen und ihren Belan-
gen«. Es findet sich also ein klarer, theoretisch fundierter
Sinn darin, dass Ereignisse in afrikanischen Religionen gemeinhin den Entscheidungen menschenähnlicher Wesen
zugeschrieben werden.

Horton wendet sich vollends von Tylor ab, wenn er die
Unterscheidung zwischen religiösen und wissenschaftlichen Erklärungen aufgrund kontextueller und nicht aufgrund inhaltlicher Gesichtspunkte trifft. Er übernimmt
dabei die Terminologie Karl Poppers und argumentiert,
religiöse Erklärungen wirkten in einer »geschlossenen«
Gesellschaft, wissenschaftliche hingegen in einer »offenen«. In einer geschlossenen, unkritischen Gesellschaft
kann sich »kein Bewusstsein für Alternativen zu den eta-
blierten theoretischen Lehrmeinungen« entwickeln. Eine
offene Gesellschaft ist hingegen zugleich auch eine selbst-
kritische Gesellschaft, in der »ein solches Bewusstsein
hoch entwickelt ist«. In einer geschlossenen Gesellschaft
sind die herrschenden Lehrmeinungen geradezu heilig, da
sie nie infrage gestellt werden und jedes Infragestellen einer Gotteslästerung gleichkäme. In einer offenen Gesellschaft hingegen haftet den herrschenden Glaubensgrund-
sätzen, die ständig infrage gestellt werden, nichts Heiliges
an. Die Grundsätze dürfen daher ohne Weiteres kritisiert
werden.

Wie Tylor hätte auch Horton wenig zum Adonis-
Mythos zu sagen, dafür umso mehr zum ersten Kapitel
der Genesis, das er, wie Tylor, frech als vor-wissenschaftli-
chen Bericht zur Entstehung der Welt lesen würde, den
der moderne Mensch neben der wissenschaftlichen Erklä-

rung allerdings nicht mehr aufrechterhalten kann. Diesen
aufrechtzuerhalten wäre nur möglich, wenn man entweder
seine Funktion oder seine Bedeutung umdeuten würde,
doch wie für Tylor kommt auch für Horton keines von
beidem infrage.

Anders als Horton lässt der amerikanische Anthropologe Stewart Guthrie Tylors intensive Beschäftigung mit
personalistischen oder anthropomorphen Erklärungsmo-
dellen in der Religion wiederaufleben. Wie für Tylor, so
bildet der Anthropomorphismus auch für Guthrie den
Kern religiöser und damit auch mythischer Erklärungen.
Doch Guthrie weicht sowohl von Horton als auch von
Tylor ab, indem er Anthropomorphismus nicht nur in der
Religion, sondern auch in der Wissenschaft nachweist.
Während Horton und Tylor den Anthropomorphismus
als rein primitives Erklärungsmodell der Welt betrachten,
stellt er für Guthrie ein geradezu universelles Phänomen
dar.

Karl Popper

Karl Popper (1902–1994), gebürtiger Wiener und Wissen-
schaftsphilosoph, der schließlich nach England übersiedelte, bricht noch sehr viel radikaler mit Tylor als Horton.
Zunächst einmal bietet Tylor keine zureichende Erklärung
dafür, wie die Wissenschaft sich überhaupt erst entwickeln
konnte – schließlich bot die Religion und mit ihr der Mythos ein verständliches und scheinbar unwiderlegbares Erklärungsmodell für sämtliche Vorgänge der physischen
Welt. Weiterhin baut die Wissenschaft nach Tylor nicht
auf dem Mythos auf, sondern ersetzt ihn schlicht. Für
Popper hingegen entsteht die Wissenschaft *aus* dem Mythos, wenn auch nicht aus seiner Anerkennung, sondern
aus der Kritik an ihm. Mit »Kritik« meint Popper hier
keine Ablehnung, sondern eine Beurteilung, die wissen-

schaftlich wird, sobald sie sich den Versuchen unterordnet, einmal gestellte und zugelassene Wahrheitsansprüche zu widerlegen.

Popper geht noch weiter und verficht die Existenz sowohl wissenschaftlicher als auch religiöser Mythen. Er tut dies in Abgrenzung zu Tylor, den er jedoch nie im Wortlaut zitiert. Der Unterschied zwischen wissenschaftlichen und religiösen Mythen liegt nicht in ihrem Inhalt, sondern in der Haltung, mit der man den Mythen begegnet. Während religiöse Mythen als Dogmen anerkannt sind, werden wissenschaftliche in Frage gestellt:

»Ich behaupte: was wir ›Wissenschaft‹ nennen, unterscheidet sich von einem Mythos nicht dadurch, daß es etwas ganz anderes ist, sondern dadurch, daß es mit einer Tradition zweiter Ordnung verbunden ist – der, den Mythos zu diskutieren. Vorher gab es nur die Tradition erster Ordnung. Eine bestimmte Geschichte wurde weitergegeben. Nun gab es natürlich immer noch eine Geschichte, die weiterzugeben war, aber sie war mit so etwas wie einem unausgesprochenen Begleittext zweiter Ordnung verknüpft: ›Ich gebe es dir weiter, aber sage mir, was du davon hältst. Denke darüber nach. Vielleicht kannst du uns eine andere Geschichte geben.‹ [...] Wir werden einsehen, daß in einem gewissen Sinne die Wissenschaft Mythen fabriziert, genauso wie die Religion.« (Popper, *Vermutungen und Widerlegungen*, Bd. 1, S. 185)

Nach Popper behalten wissenschaftliche Theorien sogar weiterhin etwas Mythisches an sich, da sie sich wie Mythen niemals be-, sondern nur widerlegen lassen und daher grundsätzlich ungewiss bzw. hypothetisch bleiben.

Man weiß nicht recht, was Popper zum Adonis-Mythos sagen würde. Ihn fesseln vor allem Schöpfungsmythen, die gewagte Vermutungen über den Ursprung der Welt anstellen und damit den Prozess wissenschaftlicher Theoriebildung in Gang setzen. Anekdotisch bleibt festzuhalten, dass Popper ein Buch mit dem Titel *The Myth of the Framework* verfasst hat und dabei mit dem Begriff »Mythos« dasselbe wie William Rubinstein in seinem Buch *The Myth of Rescue* meint, nämlich einen eisern vertretenen Irrglauben, den man gar nicht weiter prüfen, sondern umgehend verwerfen sollte!

Wie Popper vertritt auch der englische Philosoph F. M. Cornford (1874–1943) die Ansicht, dass die griechische Wissenschaft aus Mythos und Religion hervorgegangen ist, beschränkt sich dabei jedoch auf inhaltliche Aspekte und lässt jede Rezeptionshaltung völlig außer Acht. Für Cornford sorgt die Wissenschaft für das Fortbestehen religiöser und mythischer Glaubenssätze, wenngleich in säkularisierter Form. Er argumentiert, dass die griechische Wissenschaft sich erst spät von der Religion gelöst habe und zu empirischer Wissenschaft geworden sei. Später behauptet er sogar, die griechische Wissenschaft habe ihre Bindung an die Religion nie ganz gelöst und sei niemals wahrhaft zur empirischen Wissenschaft geworden.

Auch Tylor kontrastiert die Überprüfbarkeit der Wissenschaft mit der Nicht-Überprüfbarkeit von Mythen, legt jedoch nicht genauer dar, wie eine solche Überprüfung aussehen soll:

»Wir werden in den Naturwissenschaften ausgebildet, lernen Tatsachen, die wir immer und immer wieder nachprüfen können, und so kommt es für uns einem Abstieg von der hohen Ebene der Nachprüfbarkeit gleich, wenn wir uns mit alten Aufzeichnungen beschäftigen, die sich nicht auf diese Weise überprüfen lassen und noch dazu von allen Seiten für unzuverlässig erachtet werden.« (Tylor, *Primitive Culture*, Bd. 1, S. 280)

Dennoch muss Tylor auch den Naturvölkern eine gewisse Kritikfähigkeit zugestehen – wie sonst wollte er die Tatsache erklären, dass die Wissenschaft schließlich an die Stelle des Mythos getreten ist? Wer, wenn nicht die letzte Generation primitiver Menschen, wäre in der Lage gewesen, die Wissenschaft zu erschaffen, den Mythos durch sie zu ersetzen und damit die Moderne einzuläuten?

Mythos und Philosophie

Die Beziehung von Mythos und Wissenschaft überschneidet sich mit der von Mythos und Philosophie, sodass viele der bereits angesprochenen Theoretiker auch hier hätten diskutiert werden können. Und doch sind die Positionen zum Verhältnis von Mythos und Philosophie noch um einiges vielfältiger: Mythos ist Teil der Philosophie, Mythos *ist* Philosophie, Philosophie ist Mythos, der Mythos hat sich aus der Philosophie, die Philosophie sich aus dem Mythos entwickelt, Mythos und Philosophie sind vollkommen unabhängig voneinander, erfüllen aber dieselbe Funktion oder sind unabhängig voneinander und erfüllen auch ganz unterschiedliche Funktionen.

Paul Radin

Wir erinnern uns, dass sowohl Tylor als auch Frazer Mythos und Wissenschaft gleichermaßen unter die Philosophie fassten, während Lévy-Bruhl den Mythos sowohl von der Wissenschaft als auch von der Philosophie absetzt. Für Letzteren ist eine primitive Identifikation mit der Welt, die sich im Mythos artikuliert, das genaue Gegenteil einer Distanzierung von der Welt, die Wissenschaft und Philosophie verlangen.

Die schärfste Reaktion auf Lévy-Bruhls Position stammt von dem polnischstämmigen Anthropologen Paul Radin (1883–1959), der bereits als Kind nach Amerika kam. Der Titel seines entscheidenden Werks, *Primitive Man as Philosopher*, spricht für sich. Obwohl Radin Tylor in seinem Buch erstaunlicherweise nie erwähnt, lässt er doch dessen Position wieder aufleben, modifiziert und erweitert sie jedoch zugleich. Radin räumt ein, dass die *meisten* Naturvölker keinen Bezug zur Philosophie haben, stellt jedoch gleichzeitig fest, dass dies auch in jeder anderen Kultur für den Großteil der Bevölkerung gilt. Er unterscheidet zwischen dem Durchschnittsmenschen, dem »Mann der Tat«, und der Ausnahmepersönlichkeit, dem »Denker«:

> »Ersterer [der Mann der Tat] gibt sich damit zufrieden, dass die Welt existiert und Dinge darin passieren. Erklärungen sind sekundär, und er ist nur allzu bereit, stets die erste sich bietende zu akzeptieren. Dem liegt eine grundsätzliche Gleichgültigkeit zugrunde. Er zeigt jedoch eine gewisse Vorliebe für bestimmte Arten von Erklärungen. Stets gibt er der Erklärung den Vorzug, die einen rein mechanischen Zusammenhang zwischen einer Reihe von Ereignissen ausmacht. Sein geistiger Rhythmus – dieser Begriff sei mir hier erlaubt – ist gekennzeichnet vom Verlangen nach ständiger Wiederholung ein und desselben Ereignisses oder im besten Fall von Ereignissen, die sich auf derselben allgemeinen Ebene abspielen. [...] Der Rhythmus des Denkers hingegen ist ein ganz anderer. Ihm genügt es nicht, einen rein mechanischen Zusammenhang zwischen den Ereignissen zu postulieren. Er beharrt auf einer Erklärung, die sich als fortschreitender Prozess formuliert – als Entwicklung vom Einzelnen hin zum Zahlreichen und vom Einfachen zum Komplexen – oder auf dem Postulat eines Zusammenhangs von Ursache und Wirkung beruht.« (Radin, *Primitive Man as Philosopher*, S. 232 f.)

Beide Arten von Temperament finden sich im selben Verhältnis in allen Kulturen wieder. Wenn Lévy-Bruhl sich also darin irrt, dass primitive Menschen grundsätzlich keine Denker waren, so irrt auch Tylor in der Annahme, sie seien alle Denker gewesen. Doch jene Naturvölker, die tatsächlich Denker in diesem Sinne sind, stattet Radin mit einem philosophischen Können aus, das selbst jene Fähigkeit, die Tylor bei den Urhebern von Mythen ausmacht – den »wilden Philosophen«, wie er sie nennt –, bei Weitem übersteigt. Nach Radins Ansicht leisten die primitiven Spekulationen, die vor allem im Mythos zum Ausdruck kommen, weit mehr, als nur Erklärungen für die Vorgänge der physischen Welt zu liefern – doch leider kann man dies im Fall unseres Adonis-Mythos nicht behaupten. Mythen handeln von metaphysischen Themen jeglicher Art, beispielsweise von den grundlegenden Komponenten, aus denen sich Wirklichkeit zusammensetzt. Zudem, und auch darin widerspricht Radin Tylor, sind Naturvölker durchaus fähig zu ernsthafter Kritik: »Es ist ganz offenkundig nicht gerechtfertigt zu behaupten, es mangele primitiven Völkern an der Fähigkeit zu abstraktem Denken, an der Fähigkeit, solche Gedanken in eine systematische Ordnung zu bringen oder schließlich auch an der Fähigkeit, sich selbst und ihr gesamtes Umfeld einer objektiven Kritik zu unterziehen.« (Radin, *Primitive Man as Philosopher*, S. 384)

Offensichtlich ist auch für Radin, wie für Karl Popper und Robin Horton, Kritikfähigkeit die entscheidende Voraussetzung des Denkens.

Ernst Cassirer

Eine sehr viel weniger herablassende Reaktion auf Lévy-Bruhl stammt von dem deutschen Philosophen Ernst Cassirer (1874–1945). Für Cassirer, der hierin ganz und gar Lévy-Bruhl nachfolgt, ist mythisches oder »mythopöisches« Denken primitiv, emotionsgeladen, Teil der Religion und stellt eine Projektion einer mystischen Einheit auf die Welt dar. Dennoch behauptet Cassirer selbst, mit Lévy-Bruhls Ansichten zu brechen, indem er versichert, mythisches Denken folge einer ganz eigenen Logik. Tatsächlich sagt Lévy-Bruhl genau dasselbe und prägt den Begriff »prälogisch«, um das mythische Denken nicht als »nicht logisch« oder »unlogisch« bezeichnen zu müssen. Cassirer sieht jedoch noch einen weiteren Bruch mit Lévy-Bruhl darin, dass er anders als dieser die Autonomie des Mythos als eigener Wissensform neben Sprache, Kunst und Wissenschaft annimmt:

> »Wenn sich indes nach dieser Seite hin die Einreihung des Mythos in ein Gesamtsystem der ›symbolischen Formen‹ unmittelbar förderlich erweist – so schließt sie freilich, wie es scheint, auch eine bestimmte Gefahr in sich. Denn der Vergleich [...] droht zu einer Nivellierung ihres eigentlichen Gehalts zu führen, sobald man ihn in rein inhaltlichem Sinne nimmt [...]. In der Tat fehlt es nicht an Versuchen, den Mythos dadurch ›verständlich‹ zu machen, daß man ihn auf irgendeine andere Form des Geistes, sei es auf die der Erkenntnis [d. h. Wissenschaft], sei es auf die Kunst oder die Sprache, zurückführt.« (Cassirer, *Philosophie der symbolischen Formen*, Bd. 2, S. 26)

Dennoch versichert er zugleich – und darin weicht er keineswegs von Lévy-Bruhl ab –, dass Mythos und Wissenschaft unvereinbar seien, dass die Wissenschaft dem Mythos nachfolge und ihre eigentliche Form nur erreiche, indem sie alle mythischen und metaphysischen Anteile zurückweist. Sowohl für Cassirer als auch für Lévy-Bruhl ist der Mythos ein ausschließlich primitives, die Wissenschaft aber ein ausschließlich modernes Phänomen. Dennoch stellt Cassirers Charakterisierung des Mythos als eine Form des Wissens, als eine symbol- und welterschaffende menschliche Aktivität, ihn auf eine Stufe mit der

Wissenschaft. Und an solch einer Stelle hätte Lévy-Bruhl
ihn sicherlich nicht verortet.

Anschließend begann Cassirer jedoch, den Mythos
nicht mehr als ausschließlich primitives, sondern auch als
modernes Phänomen zu betrachten. Nachdem er aus Nazi-
Deutschland nach Amerika geflohen war, konzentrierte er
sich auf moderne politische Mythen, vor allem auf den
Nationalsozialismus. An diesem Punkt seiner Untersu-
chungen verschwimmen die Grenzen zwischen Mythos
und Ideologie. Nachdem Cassirer sich bisher stets mit
flüchtigen, erkenntnistheoretischen Fragen beschäftigt
hatte, widmete er sich nun harten, sozialwissenschaftlichen Fragestellungen: Auf welche Weise setzen sich politische Mythen durch und wie halten sie sich? Lévy-Bruhls
angebliche Betonung des Irrationalen im Mythos, das
Cassirer bis dahin weit von sich gewiesen hatte, wird nun
dankbar aufgenommen: »In allen kritischen Augenblicken
des sozialen Lebens des Menschen sind die rationalen
Kräfte, die dem Wiedererwachen der alten mythischen
Vorstellungen Widerstand leisten, ihrer selbst nicht mehr
sicher. In diesen Momenten ist die Zeit für den Mythus
wieder gekommen.« (Cassirer, *Vom Mythus des Staates*,
S. 364)

Indem er den Mythos mit Magie und diese wiederum
mit dem verzweifelten Streben nach Kontrolle über die
Welt verbindet, wendet Cassirer auf *moderne* Mythen das
Erklärungsmodell primitiver Mythen an, wie es vor allem
Bronislaw Malinowski darlegt: »Diese Beschreibung der
Rolle von Magie und Mythologie in der primitiven Ge-
sellschaft gilt ebensowohl für weit vorgeschrittene Stadien
des politischen Lebens des Menschen. In verzweifelten
Lagen will der Mensch immer Zuflucht zu verzweifelten
Mitteln nehmen […].« (Cassirer, *Vom Mythus des Staates*,
S. 363)

Cassirer weicht vor allem darin von Malinowski ab,
dass die unkontrollierbare Welt bei ihm nicht die physi-

sche, sondern die gesellschaftliche ist, dass er dem Mythos selbst magische Kräfte zuschreibt, und schließlich darin, dass er ihn als modernes Phänomen betrachtet. Doch ein Haken bleibt: Moderne Mythen stellen eine Art atavistische Wiederbelebung des Primitiven dar.

Während Cassirer den Mythos zuvor als quasi-philosophisch verstand, trennt er ihn jetzt völlig von der Philosophie. Mythen sind nun beim besten Willen keine Wissensform mehr, aus der sich eine eigene Logik ziehen ließe. Der Philosophie wird die nebensächliche Rolle überlassen, an den politischen Mythen Kritik zu üben:

»Es geht über die Macht der Philosophie hinaus, die politischen Mythen zu zerstören. Ein Mythus ist in gewissem Sinne unverwundbar. Er ist für rationale Argumente undurchdringlich; er kann nicht durch Syllogismen widerlegt werden. Aber die Philosophie kann uns einen anderen wichtigen Dienst leisten. Sie kann uns den Gegner verstehen machen. [...] Als wir zuerst die politischen Mythen hörten, fanden wir sie so absurd und unangemessen, so phantastisch und lächerlich, daß wir kaum dazu vermocht werden konnten, sie ernst zu nehmen. Jetzt ist es uns allen klar geworden, daß dies ein großer Fehler war. [...] Wir sollten den Ursprung, die Struktur, die Methoden und die Technik der politischen Mythen sorgfältig studieren. Wir sollten dem Gegner ins Angesicht sehen, um zu wissen, wie er zu bekämpfen ist.« (Cassirer, *Vom Mythus des Staates*, S. 388)

Es ist nur schwer zu verstehen, inwiefern die geplante Analyse politischer Mythen Aufgabe der Philosophie und nicht der Sozialwissenschaften sein soll. Mythen sind nicht mehr nur prälogisch, sondern schlicht und einfach unlogisch – und dies ist eine sehr viel extremere Position als die, für die Cassirer Lévy-Bruhl ursprünglich kritisiert.

Henri und H. A. Frankfort

Die weitreichendste Anwendung der Theorien Lévy-Bruhls und Cassirers auf die Philosophie findet sich in einem Buch mit dem Titel *Frühlicht des Geistes. Wandlungen des Weltbildes im alten Orient* (*The Intellectual Adventure of Ancient Man: An Essay on Speculative Thought in the Ancient Near East*), das erstmals 1946 von einer Gruppe Orientalisten veröffentlicht wurde. Als das Werk 1949 als Taschenbuch erschien, wurden Titel und Untertitel der Originalausgabe zu einem doppelten Untertitel zusammengefasst, und es erhielt einen verräterischen neuen Haupttitel: *Before Philosophy* [»Vor der Philosophie«]. Nach Henri und H. A. Frankfort, den Urhebern dieser Theorie, befanden sich die Völker im alten Orient auf einer primitiven Kulturstufe, die am treffendsten mit dem Begriff »spekulativ« charakterisiert werden kann. Die Einordnung von ›alt‹ unter den Begriff ›primitiv‹ geht auf Tylor und Frazer zurück. Moderne Menschen, so die These der Frankforts, denken ›philosophisch‹, also abstrakt, kritisch und nicht emotional. Die eigentliche Philosophie ist nur ein Bereich, in dem philosophisches Denken zum Einsatz kommt; Paradebeispiel für philosophisches Denken ist die Wissenschaft. Auch Tylor, Lévy-Bruhl und andere fassen den Begriff des Philosophischen so weit, dass er praktisch zum Synonym des Begriffs ›intellektuell‹ wird, und betrachten die Wissenschaft als seine reinste Erscheinungsform. Im Gegensatz zum modernen Menschen, so die Frankforts, denken Naturvölker »mythopöisch«, also konkret, unkritisch und emotional. Die Mythologie selbst ist nur eine, wenngleich die vielfältigste Ausdrucksform mythopöischen Denkens.

Tatsächlich sind dabei die philosophische und die mythopöische Denkweise sehr viel mehr als nur verschiedene Konzeptionen von der Welt. Sie sind, wie auch für Lévy-Bruhl, vor allem verschiedene Wahrnehmungsweisen der

Welt. Der grundlegende Unterschied besteht darin, dass die Außenwelt für moderne Menschen ein ›Es‹ ist, für die Naturvölker jedoch ein ›Du‹ – dabei sind diese Begriffe hier von dem jüdischen Philosophen Martin Buber entlehnt. Eine Ich-Es-Beziehung ist distanziert und intellektuell, eine Ich-Du-Beziehung demgegenüber engagiert und emotional – vernachlässigt man einmal den irreführenden ursprünglichen Originaltitel des Frankfort-Buches. Die paradigmatische Ich-Du-Beziehung ist die Liebe.

Die Annahme, dass primitive Menschen die Welt nicht so sehr als Es, sondern als Du wahrnehmen, ist gleichbedeutend mit der Annahme, dass sie sie nicht als Ding, sondern als Person erfahren. Regen nach einer langen Dürre wird nicht atmosphärischen Veränderungen zugeschrieben, sondern beispielsweise dem Triumph des Regengottes über einen göttlichen Rivalen, wie die Mythen ihn beschreiben. Versteht man die Welt als ein Du, bedeutet das, tagtäglich verschiedene Ich-Es-Unterscheidungen auszublenden. Der primitive Mensch unterscheidet nicht zwischen dem rein Subjektiven und dem Objektiven: Er sieht, dass die Sonne auf- und untergeht, nicht aber, dass die Erde um die Sonne kreist, und er sieht Farben, keine Wellenlängen. Er kann nicht zwischen Schein und Sein unterscheiden: Der Stock im Wasser *ist* tatsächlich krumm und sieht nicht nur so aus, und Träume sind aus dem Grunde wahr, weil sie als wahr erlebt werden. Ein primitiver Mensch kann auch nicht zwischen Symbol und Symbolisiertem unterscheiden: Ein Name ist mit seinem Träger identisch, und das erneute Ausagieren eines Mythos ist gleichbedeutend mit seiner Wiederholung, wie wir im vierten Kapitel sehen werden, wenn wir Frazers Theorie einer näheren Betrachtung unterziehen.

Die alten Ägypter und Mesopotamier, so argumentieren die Frankforts, lebten in einer ganz und gar mythopöischen Welt. Die Bewegung vom mythopöischen hin

zum philosophischen Denken setzte erst bei den Israeliten
ein, die viele Götter zu einem einzigen verschmolzen und
diesen einen Gott jenseits der Natur ansiedelten. Auf diese
Weise ebneten sie den Griechen den Weg, die diesen per-
sonalisierten Gott wiederum in eine bzw. mehrere unpersönliche Kräfte verwandelten, die der Natur zugrunde liegen oder zugrunde zu liegen scheinen. Die letztendliche
›Demythisierung‹ der Natur harrte nur noch auf den
Übergang von der vorsokratischen Vorstellungskraft zur
experimentellen Wissenschaft.

Die Theorie der Frankforts wirft zahlreiche Probleme
auf. Zunächst scheint sich das Mythopöische mitunter
kaum vom Tylor'schen Animismus zu unterscheiden, der
dem primitiven Menschen dieselbe Geisteshaltung wie
dem modernen Menschen bescheinigt. Zweitens umfasst
Bubers Ich-Du-Beziehung nicht das Erleben eines Dings
als Person, sondern nur das Erleben einer Person als Person. Drittens kann sicherlich jedes Phänomen sowohl als
Es als auch als Du erlebt werden – man denke nur an ein
Haustier oder an einen Kranken. Viertens wäre keine Kultur in der Lage, die Natur ausschließlich als ein Du wahr-
zunehmen und gleichzeitig distanziert genug zu sein, um
beispielsweise die Ernte einzubringen. Und fünftens ist
die Darstellung der Kulturen des alten Orients als ganz
und gar mythopöisch, der Israeliten als weitgehend nicht-
mythopöisch und der Griechen als vollkommen wissenschaftlich auf geradezu peinliche Weise simplifizierend,
wie F. M. Cornfords Ausführungen zur griechischen Wissenschaft beweisen.

Dennoch gebührt Henri und H. A. Frankfort Respekt
für den Versuch, Lévy-Bruhls abstrakte Theorie auf konkrete Fälle anzuwenden. In der Nachfolge Lévy-Bruhls
und Cassirers argumentieren sie im Grunde, dass Mythen,
obwohl sie Geschichten sind, eine bestimmte Geisteshaltung voraussetzen. Ironischerweise richtet sich die
schärfste Kritik der Frankforts an Lévy-Bruhl auf densel-

ben Punkt wie die Kritik Cassirers und erweist sich als ebenso unangebracht: Lévy-Bruhl erklärt selbst, dass primitives Denken zwar anders, dabei aber keineswegs unlogisch sei. Der Versuch, die Theorie der Frankforts auf den Adonis-Mythos anzuwenden, würde zu demselben Ergebnis kommen wie Lévy-Bruhl: Er würde sich auf Adonis' emotionale Identifikation mit der Welt konzentrieren sowie auf seine daraus resultierende Unfähigkeit, diese Welt deutlich zu erkennen.

Rudolf Bultmann und Hans Jonas

So philosophisch ausgerichtet der mythentheoretische Ansatz vor allem des frühen Cassirer auch sein mag, so behauptet er doch nie, Mythos *sei* per se Philosophie. Diese These vertreten vor allem der deutsche Theologe Rudolf Bultmann (1884–1976) und der deutschstämmige Philosoph Hans Jonas (1903–1993), der schließlich in die USA übersiedelte. Beide finden die Bedeutung des Mythos in der Philosophie – unter Berufung auf den frühen, existentialistischen Martin Heidegger – und beschränken sich auch einzig auf die Frage nach seiner Bedeutung. Weder der Ursprung noch die Funktion des Mythos sind für sie von Interesse. Auch ist er ihres Erachtens nicht Teil einer anderen Aktivität. Wie manche Lehnstuhlanthropologen betrachten sie Mythen als autonome Texte, geben sich jedoch anders als Tylor in ihren Lehnstühlen keinen Spekulationen darüber hin, woher Mythen kommen und wie sie funktionieren.

Sowohl Bultmann als auch Jonas übertragen den Mythos in ein existentialistisches Vokabular, um so den Mythos in seiner Bedeutung der Moderne zugänglich zu machen, lassen jedoch die Frage unberücksichtigt, wozu Mythen eigentlich dienen, vor allem dann, wenn sie dieselbe Botschaft transportieren wie die Philosophie. So stellt beispielsweise keiner von beiden die These auf, dass Mythen eine leichter verdauliche Möglichkeit zur Darstellung abstrakter Wahrheit bieten, wie es Aristoteles von der Literatur allgemein behauptet. Da die Mythologien, denen sie sich widmen – in Bultmanns Fall das Neue Testament, in Jonas' die Gnosis –, nicht nur philosophischer, sondern vor allem religiöser Natur sind, findet sich eine genauere Betrachtung ihrer Theorien im nächsten Kapitel, das sich mit Mythos und Religion befasst.

Albert Camus

Ein konkreteres Beispiel für die Reduktion des Mythos auf die Philosophie findet sich in der hoch gelobten Interpretation des griechischen Sisyphos-Mythos durch den existentialistischen französischen Schriftsteller Albert Camus (1913–1960). Unter den Gestalten, denen der Held Odysseus im Tartarus – einem Teil der Unterwelt, der jenen vorbehalten ist, die Zeus erzürnt haben – begegnet, ist auch Sisyphos. Dessen ewige Strafe besteht darin, einen schweren Felsbrocken einen steilen Abhang emporzurollen. Jedes Mal, wenn er beinahe oben angekommen ist, rollt der Felsbrocken wieder nach unten. Odysseus beschreibt den Anblick folgendermaßen:

> »Auch den Sisyphos sah ich, von schrecklicher Mühe
> gefoltert,
> Einen schweren Marmor mit großer Gewalt fortheben.
> Angestemmt arbeitet' er stark mit Händen und Füßen,
> Ihn von der Au aufwälzend zum Berge. Doch glaubt'
> er ihn jetzo
> Auf den Gipfeln zu drehn, da mit einmal stürzte die
> Last um;
> Hurtig mit Donnergepolter entrollte der tückische
> Marmor.

SISYPHE CONDAMNÉ À ROULER UNE PIERRE SUR LE HAUT
D'UNE MONTAGNE D'OÙ ELLE RETOMBE À L'INSTANT.

Der Sisyphus unaufhörlichen Steinwältzen.

Sisyphus & Stone.

De opgewekte Steen van Silyphus, rolt 't elkens te rug.

Abb. 3. Sisyphos im Tartarus. Stich von B. Picart
aus dem 18. Jh.

Und von vorn arbeitet' er, angestemmt, daß der
Angstschweiß
Seinen Gliedern entfloß und Staub sein Antlitz
umwölkte.«
(Homer, *Odyssee*, Elfter Gesang, Z. 593–600)

Homer teilt nicht mit, worin genau Sisyphos' Missetat bestand, und die alten Quellen machen in diesem Zusammenhang sehr unterschiedliche Angaben. Doch allen antiken Quellen gilt Sisyphos einhellig als bemitleidenswerte Figur. Camus jedoch zollt ihm Bewunderung. Sisyphos sei nicht mehr die Verkörperung des Schicksals, das Menschen erwartet, die es wagen, sich gegen die Götter aufzulehnen, sondern er symbolisiere das Schicksal jener, die dazu verdammt sind, in einer Welt ohne Götter zu leben. Zu bewundern ist er, weil er die Absurdität der menschlichen Existenz akzeptiert, die nicht so sehr ungerecht als vielmehr sinnlos ist. Anstatt aufzugeben und sich umzubringen, müht er sich weiter, obwohl er genau weiß, dass jeder erneute Versuch, den Felsbrocken bis oben hin zu wälzen, sich als vergeblich erweisen wird. Er verkörpert die einzige Form von Heldentum, die in einer sinnlosen, weil gottlosen Welt noch möglich ist. Camus benutzt den Mythos von Sisyphos also dafür, das allgemein Menschliche als Drama darzustellen.

Der Sisyphos-Mythos war ebenso Teil einer Religion, wie es die von Bultmann und Jonas analysierten Mythen waren und aus Bultmanns Sicht immer noch sind. Doch Camus betrachtet, wie auch Bultmann und Jonas, den Mythos als autonomen Text, losgelöst von jeglicher institutionalisierten religiösen Praxis. Für alle drei ist der Mythos eine philosophische Erzählung, da er nach ihrer Auffassung die Philosophie *selbst* ist.

Mythos und Religion

Nähert man sich dem Mythos aus der Perspektive der Religionswissenschaft, so ist es nur natürlich, ihn unter die Religion einzuordnen. Doch man setzt ihn damit zugleich der Kritik aus, die Wissenschaft an Religion übt. Im 20. Jahrhundert haben sich religionswissenschaftliche Theorien darum bemüht, den Mythos mit der Wissenschaft zu versöhnen, indem sie die Religion mit der Wissenschaft aussöhnen.

Um eine solche Versöhnung zu erzielen, wurden grundsätzlich zwei Hauptstrategien verfolgt. Ein Ansatz besteht darin, die Thematik der Religion und damit auch des Mythos umzudeuten. Die Religion, so die Argumentation, befasst sich nicht mit der physischen Welt und ist daher vor sämtlichen Übergriffen der Wissenschaft geschützt. Die Mythen, die im Rahmen eines solchen religionstheoretischen Ansatzes behandelt werden, sind traditionelle, biblische oder klassische Mythen, die nun jedoch nicht mehr wörtlich, sondern symbolisch verstanden werden. Mythen, so wird behauptet, wurden als Widerspruch zur Wissenschaft verstanden, weil sie bisher falsch gelesen wurden. Tylors Tirade gegen die moralischen Allegoriker und die Euhemeristen, die Mythen nicht wörtlich nehmen, gilt als Musterbeispiel einer solchen Fehllektüre – als Fehllektüre durch Tylor selbst.

Der zweite Ansatz versucht, scheinbar weltliche Phänomene zu religiösen Phänomenen aufzuwerten. Als Teil dieser Aufwertung wird der Begriff des Mythos nicht mehr auf antike und explizit religiöse Geschichten beschränkt, sondern lässt auch offensichtlich weltliche, moderne Mythen zu. Beispielsweise handeln Heldenge-

schichten auf den ersten Blick schlicht von Menschen,
Menschen allerdings, die so weit über den Normalsterbli-
chen stehen, dass sie nahezu göttlich sind. Gleichzeitig
sind die Taten dieser ›Götter‹ aber keineswegs übernatür-
lich und daher durchaus mit der Wissenschaft vereinbar.
Ein solcher Ansatz bewahrt die wörtliche Lektüre der
Mythen selbst, weist jedoch den in ihnen handelnden Personen einen anderen wörtlichen Status zu.

Ein dritter Ansatz versucht, religiöse durch weltliche
Mythen zu ersetzen. Dieser Ansatz bewahrt den Mythos
davor, dass ihn dasselbe Schicksal wie die Religion ereilt,
indem beides voneinander getrennt wird. Er bildet somit
das genaue Gegenteil des zweiten Ansatzes, der weltliche
Mythen zu religiösen macht. Da dieser Ansatz Mythos
und Religion entkoppelt, fällt er allerdings nicht in den
Themenbereich dieses Kapitels.

Rudolf Bultmann

Die bedeutendsten Vertreter einer symbolischen Interpretation traditioneller religiöser Mythen sind Rudolf Bultmann und Hans Jonas, die beide kurz im vorigen Kapitel
angesprochen wurden. Wie bereits erwähnt, beschränken
sich beide auf ihr jeweiliges Spezialgebiet, das Christentum respektive die Gnosis, wenden auf diese Gebiete jedoch eine allgemeine Mythentheorie an.

Versteht man ihn wörtlich, so ist der Mythos für Bultmann dasselbe wie für Tylor. Es handelt sich um ein primitives Erklärungsmodell der Welt, das sich mit einem
wissenschaftlichen Erklärungsmodell nicht vereinbaren
lässt und somit dem modernen Menschen, der per Definition Wissenschaft akzeptiert, inakzeptabel erscheint. Versteht man sie wörtlich, sind Mythen für Bultmann ebenso
kategorisch abzulehnen wie für Tylor. Doch anders als
Tylor liest Bultmann Mythen symbolisch. Entsprechend

seiner eigenen berühmten, wenngleich ausnehmend ver-
wirrenden Formulierung »demythologisiert« er sie. Damit
ist jedoch keine Beseitigung oder ›Entmythisierung‹ der
Mythologie gemeint, sondern ein Herausschälen ihrer
wahren, symbolischen Bedeutung. Suchte man nach Beweisen für eine reale, weltweite Flut und verneinte zugleich die wundersame Vorstellung einer Arche, auf der
alle Arten überleben, würde man den Noah-Mythos damit *entmythisieren*. Deutet man die Flut aber als symbolische Aussage über die Unsicherheit des menschlichen Lebens, *demythologisiert* man ihn.

Im demythologisierten Zustand handelt der Mythos
nicht mehr von der Welt, sondern vom menschlichen Erleben der Welt. Ein demythologisierter Mythos ist kein
Erklärungsmodell, sondern ein Ausdruck dessen, wie es
sich ›anfühlt‹, in der Welt zu leben. Mythen sind damit
nicht mehr nur primitiv, sie werden universell. Sie sind
nicht mehr falsch, sondern werden zu Wahrheiten, denn
sie offenbaren das allgemein Menschliche. In Bultmanns
Worten: »Der eigentliche Sinn des Mythos ist nicht der,
ein objektives Weltbild zu geben; vielmehr spricht sich
in ihm aus, wie sich der Mensch selbst in seiner Welt
versteht; der Mythos will nicht kosmologisch, sondern
anthropologisch – besser: existential interpretiert werden.« (Bultmann, »Neues Testament und Mythologie«,
S. 22)

Versteht man es wörtlich, so schildert vor allem das
Neue Testament eine kosmische Schlacht zwischen guten
und bösen Wesen um die Beherrschung der Welt. Diese
übernatürlichen Wesen greifen nicht nur, wie bei Tylor, in
die natürlichen Vorgänge, sondern auch in das Leben der
Menschen ein. Die gütigen Wesen bringen die Menschen
dazu, Gutes zu tun, die bösartigen verleiten sie zum Bösen. Wörtlich genommen beschreibt das Neue Testament
daher ein vor-wissenschaftliches Szenario:

»Die Welt gilt als in drei Stockwerke gegliedert. In der Mitte befindet sich die Erde, über ihr der Himmel, unter ihr die Unterwelt. Der Himmel ist die Wohnung Gottes und der himmlischen Gestalten, der Engel; die Unterwelt ist die Hölle, der Ort der Qual. Aber auch die Erde ist nicht nur die Stätte des natürlich-alltäglichen Geschehens, der Vorsorge und Arbeit, die mit Ordnung und Regel rechnet; sondern sie ist auch der Schauplatz des Wirkens übernatürlicher Mächte, Gottes und seiner Engel, des Satans und seiner Dämonen. In das natürliche Geschehen und in das Denken, Wollen und Handeln des Menschen greifen die übernatürlichen Mächte ein; Wunder sind nichts Seltenes. Der Mensch ist seiner selbst nicht mächtig; Dämonen können ihn besitzen; der Satan kann ihm böse Gedanken eingeben; aber auch Gott kann sein Denken und Wollen lenken […].« (Bultmann, »Neues Testament und Mythologie«, S. 15)

Demythologisiert man es, so bezieht sich das Neue Testament zwar immer noch teilweise auf die physische Welt, doch nun wird diese Welt von einem einzigen, nicht anthropomorphen, transzendenten Gott regiert, der nicht als ein Mensch auftritt und auch nicht auf wundersame Weise in die Welt eingreift:

»Die Mythologie ist der Ausdruck eines bestimmten Verständnisses der menschlichen Existenz. Sie glaubt, daß die Welt und das Leben ihren Grund und ihre Grenzen in einer Macht haben, die außerhalb all dessen ist, was wir berechnen und kontrollieren können. Die Mythologie spricht über diese Macht auf unzureichende und ungenügende Art, denn sie spricht von ihr wie von einer weltlichen [d. h. physischen] Macht. Sie spricht [demgegenüber] von Göttern, die die Macht jenseits der sichtbaren, verstehbaren Welt darstellen. Sie spricht von

Göttern, als wären sie Menschen, und von ihren Taten als menschlichen Taten [...]. Man kann sagen, Mythen geben der transzendenten Wirklichkeit eine immanente weltliche Objektivität.« (Bultmann, *Jesus Christus und die Mythologie*, S. 17)

Demythologisiert man den Mythos, gibt es Gott zwar noch, doch Satan wird zum bloßen Symbol für die bösen Neigungen des Menschen. Die Verdammnis bezieht sich nicht mehr auf einen zukünftigen Ort, sondern auf eine gegenwärtige Geisteshaltung, die so lange bestehen bleibt, wie man Gott ablehnt. Die Erlösung bezieht sich auf die Geisteshaltung in dem Augenblick, in dem man Gott akzeptiert. Eine reale Hölle als einen bestimmten Ort gibt es nicht, sie ist vielmehr ein Symbol für die Verzweiflung über die Abwesenheit Gottes. Auch der Himmel meint keinen Ort über der Erde, sondern die Freude in der Gegenwart Gottes. Das Kommen des Reichs Gottes vollzieht sich nicht äußerlich in Gestalt kosmischer Erschütterungen, sondern innerlich, wann immer man sich Gott zuwendet.

Demythologisiert man das Neue Testament, so zeigen sich vor allem die entgegengesetzten Arten, auf die die Welt wahrgenommen werden kann: Die Entfremdung desjenigen von der Welt, der Gott noch nicht gefunden hat, steht dem Gefühl von Einheit mit der Welt desjenigen gegenüber, der Gott bereits gefunden hat. Ohne Gott wird die Welt als kalt, abweisend und beängstigend empfunden, mit Gott hingegen ist sie warm, einladend und sicher.

Versteht man Mythen wörtlich als Erklärungen der physischen Welt durch die Übertragung auf Personen, so sind sie mit der Wissenschaft nicht vereinbar und daher für den modernen Menschen inakzeptabel: »Welterfahrung und Weltbemächtigung sind in Wissenschaft und Technik so weit entwickelt, daß kein Mensch im Ernst am

neutestamentlichen Weltbild festhalten kann und festhält.
Welchen Sinn hat es […], wenn der Bekennende das diesen Formulierungen zugrunde liegende mythische Weltbild von den drei Stockwerken nicht teilt?« (Bultmann,
»Neues Testament und Mythologie«, S. 17)

Doch sobald man die Mythen demythologisiert, sind sie
auch mit der Wissenschaft vereinbar, weil sie sich nun zugleich auf die transzendente, nicht-physische Welt beziehen – nach Tylor ist dies die Aufgabe der mythen*losen*,
modernen Religion – und mehr noch auf das menschliche
Erleben der physischen Welt.

Der Theologe Bultmann ermuntert moderne Christen
nicht nur dazu, das Neue Testament zu akzeptieren, sondern er zeigt ihnen auch, wie sie das anstellen sollen, indem er das Neue Testament in die Sprache des Existentialismus übersetzt. Diese Übersetzung rechtfertigt er jedoch
keineswegs dadurch, dass die christliche Bibel andernfalls
für moderne Menschen nicht akzeptabel wäre, sondern
damit, dass ihre wahre Bedeutung schon immer eine exis-
tentialistische war.

Dennoch ist die Aussage, Mythen seien für wissenschaftlich orientierte moderne Menschen akzeptabel, noch
keine Begründung, warum man sie akzeptieren sollte.
Bultmann bietet zwar eine moderne *Thematik* für den
Mythos, damit aber noch keine moderne *Funktion*. Es ist
denkbar, dass die Funktion der Mythen für ihn selbstverständlich in der Beschreibung allgemein menschlicher Zustände liegt. Doch warum sollte man solche Zustände
überhaupt beschreiben wollen, und warum ausgerechnet
mit Hilfe von Mythen? Bultmann kann nicht behaupten,
dass der Mythos von sich aus menschliche Zustände aufdeckt, da er selbst die Philosophie heranziehen muss, um
diese Bedeutung im Mythos zu finden.

Überdies ist der Mythos selbst im demythologisierten
Zustand für moderne Menschen nur dann akzeptabel,
wenn gleichzeitig die Existenz Gottes akzeptiert wird. So-

sehr Bultmann sich auch bemüht, modernen, wissenschaftlich ausgerichteten Menschen christliche Mythen
schmackhaft zu machen, ist er doch nicht bereit, Gott
restlos hinwegzuinterpretieren bzw. zu demythologisie-
ren. Um die Mythologie akzeptieren zu können, muss
man weiterhin an Gott glauben, so differenziert dieses
Konzept inzwischen auch sein mag. Die Kompatibilität
mit den Wissenschaften mag heutzutage für die Anerkennung von Mythen unerlässlich sein, doch sie reicht bei
weitem nicht aus.

Was würde Bultmann zum Adonis-Mythos sagen? Sicherlich würde er die Welten, in die Adonis sich geworfen
sieht, miteinander in Kontrast setzen. Adonis ist niemals
frei von der erdrückenden Gegenwart einer Göttin. Er
wächst vollkommen geborgen und ungefährdet in einer
Welt heran, die dem Mutterschoß gleicht. Er geht derartig
in dieser Welt auf, dass er die Gefahren der ›realen‹ Welt,
die Venus ihm in Ovids Version verzweifelt vor Augen zu
führen sucht, schlicht und einfach nicht zur Kenntnis
nimmt. Demythologisiert man den Mythos, so beschreibt
dieser widerstreitende Erfahrungen der Welt. Dabei stehen
sich an dieser Stelle nicht Weltlichkeit und Religiosität,
sondern Kindheit und Erwachsensein gegenüber.

Der Vollständigkeit halber sei erwähnt, dass Bultmanns
Argumentation selbst nicht schlüssig ist. Obwohl er allem
Anschein nach den Mythos im Allgemeinen als symbolischen Ausdruck menschlicher Zustände betrachtet, nimmt
er die antiken Mythologien, aus denen sich das Christentum entwickelt hat – die jüdische Apokalypse und die
Gnosis – dennoch wörtlich. So scheint Bultmann die Demythologisierung auf das Christentum beschränken zu
wollen, treibt die fehlende Schlüssigkeit seiner Argumentation jedoch noch weiter, indem er aufzeigt, wie sehr er
dem ebenfalls existentialistisch ausgerichteten Jonas und
seiner bahnbrechenden Demythologisierung der Gnosis
verpflichtet ist.

Hans Jonas

Hans Jonas vertritt die These, dass der alte Gnostizismus dieselbe fundamentale Perspektive auf menschliche Zustände hat wie der moderne Existentialismus. Dabei bezieht er sich allerdings auf einen atheistischen und nicht, wie Bultmann, auf einen religiösen Existentialismus. Sowohl der Gnostizismus als auch der Existentialismus betonen die radikale Entfremdung des Menschen von der Welt: »[...] wenn das Wesen des Existentialismus ein gewisser Dualismus ist, eine Entfremdung zwischen Mensch und Welt [...], gab es einen Moment [...], den einzigen, der mir bekannt ist, wo [...] jene Bedingung verwirklicht und mit der ganzen Vehemenz eines kataklysmischen Ereignisses durchlebt worden ist. Dies war die gnostische Bewegung [...].« (Jonas, *Gnosis*, S. 382)

Doch anders als Bultmann, der die Kluft zwischen Christentum und Moderne zu überwinden versucht, erkennt Jonas die Unterschiede zwischen Gnostizimus und Moderne als solche an. Er versucht also nicht, den modernen Menschen zum Gnostizismus zu bekehren. Da der alte Gnostizismus, im Gegensatz zum gewöhnlichen Christentum, einen Gegensatz zwischen dem Immateriellen und der Materie behauptet, bleibt der Mensch der physischen Welt auch dann noch entfremdet, wenn er den wahren Gott bereits gefunden hat. Genauer gesagt kann dieser Gott ausschließlich nur in der Abkehr von der physischen Welt und ihrem falschen Gott gefunden werden. Gnostiker überwinden die Entfremdung von dieser Welt nur, indem sie sie transzendieren. Für sie ist die Entfremdung auch nur vorübergehend, während sie für moderne Menschen dauerhaft ist. Dennoch kann die gnostische Mythologie nach Jonas' Ansicht auch zum modernen Menschen sprechen, und nicht, wie Bultmann meint, nur zum modernen Gläubigen, sondern auch zum modernen Skeptiker. Dies kann die Mythologie, weil sie sich recht verstanden nicht mit dem Wesen der Welt, sondern mit dem Wesen des Erlebens der Welt, also mit dem Erleben genau dieser Welt, befasst. Wie Bultmann ist auch Jonas bemüht, den Mythos mit der Wissenschaft auszusöhnen, indem er die Thematik des Mythos umdeutet.

Um modernen Menschen den alten Gnostizismus schmackhaft zu machen, muss Jonas (ähnlich wie Bultmann) jene Aspekte der Mythen des Gnostizismus umgehen, die durch ihre Darstellung des Ursprungs oder auch der Zukunft der Welt der Wissenschaft widersprechen. Das demythologisierte Thema des Mythos liegt in der schlichten *Tatsache* menschlicher Entfremdung von der Welt, nicht in ihrem Ursprung oder gar einer Lösung für das Problem der Entfremdung. Aus diesem Grunde werden gnostische Beschreibungen des Göttlichen und seiner Emanationen, des Schöpfergottes und der materiellen Welt und vor allem auch die gnostische Aussicht auf ein Entkommen aus der materiellen Welt ignoriert. Kurz gesagt: Der allergrößte Teil der gnostischen Mythologie wird auf eine reine Mythologie reduziert, um dann verworfen oder entmythisiert zu werden, und zwar ungefähr so, wie Tylor mit der *gesamten* Mythologie verfährt.

Wie Bultmann bietet auch Jonas keinerlei Funktion des Mythos für den modernen Menschen an. Selbst wenn Mythen dazu dienen, menschliche Zustände auszudrücken: Warum ist es überhaupt notwendig, diese Zustände auszudrücken, und warum soll dies unbedingt durch Mythen geschehen, wo doch auch hier wiederum die Philosophie bereits dafür Sorge trägt? Jonas bleibt die Antwort auf diese Frage schuldig. Sowohl er als auch Bultmann beschränken sich auf die Bedeutung bzw. auf die Thematik des Mythos.

Die mythentheoretischen Ansätze Bultmanns und Jonas' widersprechen dem Ansatz Tylors denkbar scharf. Tylor setzt voraus, dass man Mythen wörtlich nehmen muss, um sie ernst zu nehmen. Seiner Ansicht nach trivia-

lisieren moralische Allegoriker und Euhemeristen den
Mythos, indem sie ihn symbolisch deuten. Bultmann und
Jonas sowie verschiedene andere Theoretiker, unter anderem Joseph Campbell, vertreten die genau entgegengesetzte Position: Um Mythen ernst zu nehmen, muss man sie
symbolisch lesen. Während Tylor der Meinung ist, Mythen seien für primitive Menschen nur deshalb glaubhaft
gewesen, weil sie sie wörtlich verstanden, sind Bultmann
und Jonas der Ansicht, dass Mythen den frühen Christen
und den alten Gnostikern am glaubhaftesten erschienen,
weil sie sie existentialistisch verstanden. Und während Tylor argumentiert, dass Mythen modernen Menschen deshalb unplausibel erscheinen, gerade weil sie sie völlig zu
Recht wörtlich nehmen, halten Bultmann und Jonas dagegen, dass Mythen für moderne Menschen nur insoweit
glaubhaft sind, als sie sie völlig zu Recht symbolisch betrachten. In Wahrheit wendet sich Tylor jedoch nicht gegen die Theoretiker, die Mythen aus der Sicht moderner
Menschen symbolisch lesen, sondern gegen die, die dies
aus der Sicht der Naturvölker tun. Er würde Bultmann
und Jonas also viel mehr für ihre Aussagen über die frühen Christen und alten Gnostiker als für ihre Aussagen
über ihre Zeitgenossen tadeln.

Ironischerweise verteidigen in ihren Schriften im Grunde sowohl Tylor als auch Bultmann und Jonas den Mythos. Der Unterschied zwischen ihnen besteht darin, dass
eine solche Verteidigung es für Tylor erforderlich macht,
den Mythos zugunsten der Wissenschaft fallen zu lassen,
während sie für Bultmann und Jonas die Aufdeckung der
wahren Bedeutung von Mythen im Angesicht der Wissenschaft erfordert. Und diese Bedeutung ist keine neue, von
modernen Menschen zur Rettung des Mythos erdachte
Bedeutung, sondern eine, die der Mythos schon immer
hatte, die jedoch erst unter dem Druck der Bedrohung
durch die Wissenschaft richtig erkannt wurde. Indem die
Wissenschaft den modernen Menschen zwingt, auf altehr-

würdige Texte zurückzugreifen und zu entdecken, was eigentlich schon immer in ihnen stand, macht sie aus der Not eine Tugend.

Mircea Eliade

Die Biographien gefeierter Persönlichkeiten erinnern an Heiligenlegenden und machen diese zu Halbgöttern und ihre Lebensgeschichten zum Mythos. So priesen gleich nach dem ersten Golfkrieg verschiedene Biographien den amerikanischen Oberbefehlshaber »Stormin'« Norman Schwarzkopf als klügsten und tapfersten Soldaten auf Erden – so viel klüger und tapferer als alle anderen, dass er fast schon übermenschliche Züge trug.

Als wichtigster Theoretiker in diesem Kontext der Mythologisierung ist der gebürtige Rumäne und Religionshistoriker Mircea Eliade (1907–1986) zu nennen, der die letzten drei Jahrzehnte seines Lebens in den USA verbrachte. Anders als Bultmann und Jonas versucht Eliade nicht, den Mythos mit der Wissenschaft auszusöhnen, indem er ihn symbolisch deutet. Er nimmt Mythen genauso wörtlich, wie Tylor es getan hat. Anders als Bultmann und Jonas definiert Eliade auch nicht die offensichtliche Funktion des Mythos um. Wie für Tylor sind Mythen auch für ihn Erklärungen, allerdings sind sie Erklärungen des Ursprungs eines Phänomens, nicht nur Erklärungen seiner Wiederkehr. Anders als Bultmann und Jonas versucht er jedoch nicht, traditionelle Mythen zu aktualisieren. Und anstatt sich wie Tylor auf traditionelle, explizit religiöse Mythen zu beschränken, wendet er sich modernen, scheinbar nicht religiösen Mythen zu. Dabei versucht er nicht, diese Mythen mit der Wissenschaft zu versöhnen, wie es Bultmann und Jonas getan hätten, sondern führt ihre bloße Existenz als Argument für ihre Vergleichbarkeit mit der Wissenschaft an: Wenn der moderne Mensch,

Abb. 4. Mircea Eliade, Paris 1978.

der, und darin stimmt Eliade mit allen anderen Theoretikern überein, die Wissenschaft hat, auch Mythen besitzt,
dann müssen diese Mythen einfach mit der Wissenschaft
vereinbar sein.

Eine Erzählung qualifiziert sich für Eliade dann als Mythos, wenn sie ihrem Gegenstand außergewöhnliche Leistungen zuschreibt und ihn damit in ein übermenschliches
Wesen verwandelt. Mythen erzählen davon, wie in früheren, ›heiligen‹ Zeiten ein Gott oder Halbgott ein bestimm-
tes Phänomen erschuf, das seither existiert. Dabei kann es
sich um ein Natur- oder ein Gesellschaftsphänomen han-

deln, beispielsweise um Regen oder um Ehe: »[...] der Mythos erzählt, auf welche Weise dank den Taten der übernatürlichen Wesen eine Realität zur Existenz gelangt ist – sei es nun die totale Realität, der Kosmos, oder nur ein Teil von ihr: eine Insel, eine Pflanzenart, ein menschliches Verhalten, eine Institution.« (Eliade, *Mythos und Wirklichkeit*, S. 15 f.)

Während die Schöpfung von Naturphänomenen Göttern zugeschrieben wird, ist der ›Nationalheros‹ für die Begründung gesellschaftlicher Phänomene verantwortlich. In allen Fällen ist die mythische Tat die Schöpfung.

Und obwohl der Mythos nach Eliade etwas erklärt, leistet er doch noch viel mehr als das. Die Erklärung entpuppt sich nämlich als reines Mittel zum Zweck. Dieser Zweck ist aber die Erneuerung. Liest oder hört man Mythen oder – vor allem – agiert man sie aus, kehrt man auf magische Weise in die Zeit zurück, in der sich der Mythos erstmals vollzog, kehrt man in jene Zeit zurück, in der das jeweils erklärte Phänomen seinen Ursprung hat: »Doch da die rituelle Rezitation des kosmogonischen Mythos die Reaktualisierung dieses primordialen Ereignisses bedeutet, so folgt daraus, daß der, für den man rezitiert, auf magische Weise in ›jene Zeit‹ projiziert wird, an den ›Beginn der Welt‹.« (Eliade, *Das Heilige und das Profane*, S. 74)

Der Mythos ist wie ein fliegender Teppich, der allerdings nur in eine Richtung der Zeit fliegt. Indem er ihn in die Vorzeit zurückführt, vereint der Mythos den Menschen mit seinen Göttern, denn dort sind sie uns am nächsten, wie es die Bibel im Falle »Gott[es] de[s] HERRN, wie er im Garten ging, als der Tag kühl geworden war« exemplarisch zeigt (Genesis 3,8). Diese ›Wiedervereinigung‹ macht die nach-paradiesische Trennung vom Göttlichen rückgängig und erneuert spirituell: »Es handelt sich also für ihn um eine Rückkehr zur Zeit des Ursprungs, deren therapeutisches Ziel darin besteht, die Existenz nochmals zu beginnen (symbolisch) [sic!] von neuem geboren zu werden.« (Eliade, *Das Heilige und das Profane*, ebd.)

Der eigentliche Nutzen des Mythos liegt in der Erfahrung, der Begegnung mit dem Göttlichen. Keine Mythentheorie wurzelt so tief im Religiösen wie die Theorie Eliades.

Die Wissenschaft bietet offensichtlich keine erneuernde Funktion. Sie erklärt nur. Entsprechend bewirkt der Mythos etwas, das die Wissenschaft nicht leisten kann. Und doch lautet Eliades Hauptargument für das Weiterbestehen des Mythos nicht, dass der Mythos eine einzigartige Funktion erfüllt, sondern dass er diese Funktion sowohl für moderne als auch für primitive Menschen erfüllt. Nach Eliade hält sich der moderne Mensch für unbedingt rational, intellektuell, unsentimental und vorwärts gewandt – mit einem Wort: Er hält sich für wissenschaftlich. Dennoch kann auch er, so Eliade, nicht auf Mythen verzichten:

»Man könnte ein ganzes Buch schreiben über die Mythen des modernen Menschen, über die getarnten Mythologien in den Schauspielen, die er bevorzugt, und in den Büchern, die er liest. Das Kino, diese ›Traumfabrik‹, macht sich zahllose mythische Motive zunutze: den Kampf zwischen dem Helden und dem Ungeheuer, die Kämpfe und Prüfungen der Initiation, exemplarische Gestalten und Bilder (das ›junge Mädchen‹, der ›Held‹, die paradiesische Landschaft, die ›Hölle‹ usw.). Selbst die Lektüre hat eine mythologische Funktion [...], sie bietet dem modernen Menschen vor allem die Möglichkeit, ›aus der Zeit herauszutreten‹, ähnlich wie die Mythen es früher taten. [...] das Lesen trägt den modernen Menschen aus seiner persönlichen Zeit heraus, es fügt ihn anderen Rhythmen ein und läßt ihn in einer anderen ›Geschichte‹ leben.« (Eliade, *Das Heilige und das Profane*, S. 177)

Theaterstücke, Bücher und Filme sind wie Mythen, da sie die Existenz einer anderen, in vielen Fällen älteren Welt neben der Alltagswelt offenbaren – einer Welt voll außergewöhnlicher Gestalten und Ereignisse, die den Gestalten und Ereignissen aus den traditionellen Mythen ähneln. Zudem bieten die Taten dieser Gestalten eine Erklärung für den aktuellen Zustand, in dem sich die Alltagswelt befindet. Vor allem aber lassen sich moderne Menschen derartig in Theaterstücke, Bücher und Filme hineinziehen, dass sie sich selbst in ihrer Fantasie in die mythische Zeit zurückversetzen. Während Bultmann und Jonas noch vergleichsweise bescheiden argumentieren, dass auch moderne Menschen Mythen haben *können*, hält Eliade forsch dagegen, dass sie diese Mythen ausdrücklich *haben*. Selbst erklärte Atheisten verfügen über Mythen. Deshalb sind diese für den modernen Menschen nicht nur akzeptabel, wie Bultmann und Jonas sagen würden, sondern geradezu unvermeidlich. Sie sind ein allgemein menschliches Phänomen. Während Tylor und Frazer davon ausgehen, dass der Mythos dem Säkularisierungsprozess zum Opfer gefallen ist, erklärt Eliade, dass überhaupt gar keine Säkularisierung stattgefunden habe. Die Religion und mit ihr der Mythos sind weiterhin vorhanden, sie ›tarnen‹ sich nur.

Wie soll man nun Eliades Theorie auf den Adonis-Mythos anwenden, der doch alles in allem ausnehmend unheroisch daherkommt? Wie Ikarus und Phaeton, die anderen griechischen Anti-Helden, hält sich auch Adonis für allmächtig. Dabei übersieht aber auch er, wie die anderen, nur die Gefahren der Welt und stirbt infolge seiner narzisstischen Tollkühnheit.

Ein moderner Adonis wäre beispielsweise John F. Kennedy, Jr. (1960–1999), der vielen als aufstrebender Held und den Frauen als unwiderstehliches Sexsymbol galt. Er starb, weil er Warnungen wie die der Venus an Adonis ignorierte und voller Leichtsinn darauf bestand, bei Wetterverhältnissen zu fliegen, denen er als blutiger Anfänger

Abb. 5. John F. Kennedy, Jr. auf dem
Titelblatt der *Us Weekly* im Juni 2000.

noch nicht gewachsen war. In seinem Absturz auf die
Erde gemahnt er damit noch viel eher an Ikarus und Phaeton. Und so galt die allgemeine Trauer um JFK Jr. tatsächlich einem Möchtegern-Helden und nicht einem, der sich
bereits als Held bewiesen hätte.

Für Eliades Thesen wäre der unbestrittene Held George
Washington (1732–1799) eine passendere Figur. Der von
allen Amerikanern als Vater ihres Landes verehrte Washington war zunächst Oberbefehlshaber der Kontinen-
talarmee im Krieg gegen die Briten, die 1781 endgültig
geschlagen wurden. Anschließend zog er sich vorübergehend aus dem öffentlichen Leben zurück, kehrte jedoch

Abb. 6. »George Washington vor
Yorktown«, 1824/25. Gemälde
von Rembrandt Peale.

schon bald wieder, um den Vorsitz beim Verfassungskon-
vent zu führen, wo er bei der Ratifizierung der Verfassung
Unverzichtbares leistete. 1789 wurde Washington vom
Wahlausschuss einstimmig zum ersten Präsidenten der
Vereinigten Staaten gewählt und später erneut einstimmig
wiedergewählt. Er wäre auch noch ein drittes Mal gewählt
worden, wenn er sich dazu bereitgefunden hätte. Man
brachte ihm so viel Bewunderung entgegen, dass viele Re-
volutionäre bereits befürchteten, er oder seine Anhänger
könnten eine Monarchie ausrufen und damit die demokra-

tischen Ziele verraten, für die sie in der Amerikanischen
Revolution gekämpft hatten. Die Tatsache, dass er dieser
Versuchung widerstand, ließ sein Ansehen noch weiter
steigen.

Die Wertschätzung, die George Washington von seinen
Zeitgenossen und noch lange danach entgegengebracht
wurde, grenzt an Vergötterung, und die Behandlung, die
man ihm angedeihen ließ, erinnerte beinahe an eine Art
Gottesdienst. Schon bevor er der erste Präsident geworden war und später umso mehr während und nach seiner
Amtszeit waren Münzen mit seinem Konterfei im Um-
lauf, gab es zahllose Bilder und Skulpturen von ihm, wurden Lieder und Gedichte zu seinen Ehren verfasst, Bezir-
ke und Städte nach ihm benannt sowie aufwendige Festi-
vitäten zu Ehren seines Geburtstags und tumultartige
Empfänge veranstaltet, wo immer er sich zeigte. Nach
Eliade ehrt ein Mythos die Tatsache, dass sein Gegenstand
etwas in der Natur oder in der Gesellschaft geschaffen hat,
das bis heute überdauert – im Falle des Gründervaters
Washington war dies nichts Geringeres als Amerika. Die
folgende Beschreibung eines Historikers von den Ge-
burtstagsfeiern während Washingtons Amtszeit gibt den
um ihn betriebenen ›Kult‹ angemessen wieder:

»1791, zwei Jahre nach seinem Amtsantritt, waren die
›königlichen‹ und ›götzendienerischen‹ Feierlichkeiten
zu seinem Geburtstag bereits zum nationalen Brauch
geworden. Kaum eine Stadt war so klein, dass sie an
diesem Tag nicht wenigstens einen Ball oder ein festli-
ches Bankett zu Washingtons Ehren abgehalten hätte.
[...] Es war ein nationales Ereignis, das sich in seiner
Pracht und in der Begeisterung, die es auslöste, einzig
mit dem Vierten Juli [amerikanischer Nationalfeiertag
zur Erinnerung an die Unabhängigkeitserklärung am 4.
Juli 1776] messen konnte. Die Geburt der Nation und
die Geburt Washingtons waren für das amerikanische

Volk zu denkwürdigen Ereignissen geworden. [...]
[D]ie Feier von Washingtons Geburtstag nahm den
Charakter eines religiösen Ritus an. [...] Und Washing-
tons Geburtstag war tatsächlich ein heiliger Tag: ein Tag
der Gemeinschaft, ein Tag, an dem der heilige Status der
Nation und die Liebe des Volkes zu ihr sich in ihrer
ganzen Stärke neu erweisen konnten.« (Schwartz,
George Washington, S. 77 ff.)

Noch lange nach seinem Tod dienten die Feierlichkeiten
an Washingtons Geburtstag, der bis heute ein nationaler
Feiertag geblieben ist, nicht nur dem Zweck, an seine Taten zu erinnern, sondern auch dem Ziel, diese Taten und
ihn selbst wieder zum Leben zu erwecken. Teil der Feierlichkeiten – also des Rituals – war das Verlesen der Hö-
hepunkte seiner Biographie – also des Mythos. Der oft
bemühte amerikanische Satz »Hier hat schon George
Washington geschlafen« ist Ausdruck der eigentlichen
Funktion eines Mythos nach Eliade. Man versucht, einen
Kontakt mit der Gottheit herzustellen.

Natürlich können Skeptiker hier durchaus Einwände
erheben. Ist ein menschlicher Held, sosehr er auch verehrt
werden mag, tatsächlich eine Gottheit? Kann man eine
Feier tatsächlich mit einem Gottesdienst gleichsetzen?
Lässt die feierliche Erinnerung an das Leben eines toten
Helden diesen tatsächlich wiederauferstehen? Glauben die
Feiernden allen Ernstes, dass sie sich auch in der Realität
und nicht nur in ihrer Vorstellung in diese Zeit zurückversetzen? Und was muss der Mythos eigentlich noch erklären, nachdem die Sozialwissenschaften die dauerhaften
Leistungen des Helden bereits erläutert haben? So bewe-
gend Eliades Bemühungen, dem Mythos einen festen
Platz in der modernen, wissenschaftlichen Welt zu sichern, auch sein mögen, bleibt die Frage, ob sie wirklich
überzeugen können.

4

Mythos und Ritual

Nach gängiger Auffassung bestehen Mythen aus Begriffen, häufig in der Form einer Erzählung. Ein Mythos wird entweder gelesen oder gehört. Er besagt etwas. Dennoch gibt es einen weiteren Ansatz in der Mythentheorie, der diese Sichtweise als künstlich ablehnt. Folgt man der Theorie vom Zusammenspiel von Mythos und Ritual, also der Theorie des Mythisch-Rituellen, so steht der Mythos niemals für sich selbst, sondern ist stets fest mit dem Ritual verbunden. Ein Mythos ist demnach nicht nur eine Aussage, sondern eine Handlung. In ihrer konsequentesten Ausprägung besagt diese Theorie, dass alle Mythen von Ritualen und alle Rituale von Mythen begleitet werden. Weniger strikten Ansätzen zufolge können manche Mythen ohne Ritual auskommen, ebenso wie manches Ritual ohne begleitenden Mythos. Alternativ können Mythos und Ritual auch ursprünglich zusammengehört, sich in der Folge aber in unterschiedliche Richtungen entwickelt haben oder sie können unterschiedlichen Quellen entspringen und später eine Verbindung eingehen. Unabhängig davon, worin die Verbindung zwischen Mythos und Ritual auch immer bestehen mag: Der mythisch-rituelle Ansatz unterscheidet sich sowohl von anderen Mythentheorien als auch von anderen Ritualtheorien darin, dass er sich vor allem mit dieser Verbindung befasst.

William Robertson Smith

Wegbereiter des mythisch-rituellen Ansatzes war der schottische Bibelforscher und Arabist William Robertson Smith (1846–1894). In seinem Werk *Lectures on the Reli-*

gion of the Semites vertritt Smith die These, dass der Glaube durchaus zentraler Bestandteil moderner, jedoch keineswegs früher Religionen sei, in deren Zentrum das Ritual stand. Zwar räumt er ein, dass die Rituale alter Völker zweifellos stets eine Ursache hätten, doch ist diese Ursache nach seiner Auffassung sekundär und gegebenenfalls sogar einem Wandel unterworfen. Vor allem aber ist diese Ursache kein offizielles Glaubensbekenntnis oder Credo, sondern vielmehr eine Erzählung, ein *Mythos*, der schlicht nur »die Umstände« beschreibt, »unter denen der betreffende Ritus zum ersten Mal entweder auf das Geheiß oder auf das direkte Beispiel des Gottes hin vollzogen wurde«.

Der Mythos selbst ist nach Smiths Auffassung sekundär: Rituale existieren zwangsläufig, Mythen hingegen nur möglicherweise. Wurde ein Ritual erst einmal festgelegt, passt jeder beliebige Mythos zu ihm. Und Mythen können überhaupt erst dann entstehen, wenn die ursprüngliche, nicht-mythische Ursache für das Ritual irgendwie vergessen wird:

> »Der Mythos ist nur die Erklärung eines religiösen Brauchs, gewöhnlich eine Erklärung, die nur entstehen konnte, nachdem der ursprüngliche Sinn des Brauchs mehr oder weniger in Vergessenheit geraten war.« (Smith, *Lectures on the Religion of the Semites*, S. 19)

Auch wenn Smith sich als Erster für eine Betrachtung des Mythos im Zusammenhang mit dem Ritual ausgesprochen hat, so setzt diese Verknüpfung doch keineswegs voraus, dass Mythos und Ritual dieselbe Bedeutung zukommt, denn Smith zufolge hätte der Mythos ohne das Ritual niemals entstehen können, unabhängig davon, ob mit oder ohne den Mythos vielleicht auch das Ritual wieder verschwunden wäre.

Als semitischer Gott wird auch Adonis zum Gegenstand der Untersuchung Smiths. Im Rahmen seiner Grundthese, dass antike Religionen keine Sünde kennen und das zentrale Ritual des Opfers daher nicht als Strafe zu verstehen sei, setzt er der amoralischen, mythischen Erklärung des rituellen Heulens und Wehklagens angesichts des toten Adonis das spätere christliche Gedankengut gegenüber, dass der Menschengott seinen Tod erleide, um die Sünden der Menschen zu sühnen:

> »Wenn, wie im Adonis-Mythos, der Versuch gemacht wird, noch eine weitere Erklärung für das alljährliche Ritual zu geben als die Geschichte vom Gott, der einst starb und wiederauferstand, leitet sich diese Erklärung vom Erleben des physischen Verfalls und Wiederauflebens der Natur her. Der kanaanitische Gott Adonis oder Tammuz [...] wurde von seinen Anhängern als Quelle allen Wachstums und aller Fruchtbarkeit verehrt. Daher war sein Tod gleichbedeutend mit dem vorübergehenden Aussetzen allen natürlichen Lebens. [...] Diesen Tod des Lebens der Natur beweinen die Anhänger aus einem natürlichen Mitgefühl heraus, ohne jeden moralischen Hintergrund, genau wie wir heutigen Menschen von Melancholie ergriffen werden, wenn im Herbst die Blätter von den Bäumen fallen.« (Smith, *Lectures on the Religion of the Semites*, S. 392)

Anders gesagt gab es ursprünglich nur das rituelle Opfer des Gottes Adonis und zusätzlich eine nicht-mythische Erklärung, die diesem Opfer zugrunde lag. Das Ritual schloss nicht nur den Tötungsakt, sondern auch die Trauer um den Getöteten und zusätzlich die Hoffnung auf seine Wiedergeburt ein. Sobald der ursprüngliche Anlass für das Ritual vergessen worden war, entwickelte sich der Mythos von Adonis als dem sterbenden und wiederauferstehenden Gott alles Pflanzlichen als Erklärung für die

Existenz des Rituals. Da der Mythos heidnischen und nicht christlichen Ursprungs war, wird der Tötungsakt nicht als Sünde bewertet.

Smiths Theorie erweist sich vor allem darin als beschränkt, dass sie nur für den Mythos eine Erklärung bietet, nicht aber für das Ritual, das einfach als gegeben vorausgesetzt wird. Eine weitere Einschränkung besteht darin, dass Smith den Mythos ganz offensichtlich auf seine Verbindung mit dem Ritual begrenzt, obwohl er seine weitere Entwicklung unabhängig vom Ritual verfolgt. Da Mythen jedoch, selbst dann, wenn sie als Erklärungen für Rituale dienen, bezeichnenderweise die Taten eines Gottes zum Gegenstand haben, muss es, wie auch Smith zugibt, von Anfang an um mehr gehen als um ein bloßes Ritual.

E. B. Tylor

Indem Smith den Mythos als Erklärung für das Ritual heranzieht, distanziert er sich von der gängigen Mythoskonzeption, wie sie vor allem von E. B. Tylor vertreten wird. Erinnern wir uns: Tylor zufolge bietet der Mythos eine Erklärung für die physische Welt, nicht für das Ritual, und wirkt ganz unabhängig von diesem. Der Mythos stellt eine Aussage, keine Handlung dar und kommt einem Glaubensbekenntnis gleich, das lediglich in Form einer Erzählung präsentiert wird. Für Tylor verhält sich das Ritual zum Mythos wie für Smith der Mythos zum Ritual, nämlich sekundär. Während Smith das Ritual als Voraussetzung für den Mythos versteht, sieht Tylor den Mythos als Voraussetzung für das Ritual. Tylor zufolge dient der Mythos einzig dem Zweck, eine Erklärung für die Welt als Ziel an sich zu bieten. Rituale setzen diese Erklärung um, um eine Kontrolle über die Welt zu ermöglichen. Das Ritual wäre demnach die *Anwendung*, nicht das *Thema* des Mythos – sein Thema bleibt stets die Welt selbst. Da nun das Ritual vom Mythos abhängt und für Tylor der Erklärung sehr viel mehr Bedeutung zukommt als der Kontrollfunktion, ist der Mythos für ihn ein sehr viel entscheidenderer religiöser Aspekt als das Ritual. Smith hätte sich also durchaus auch direkt gegen Tylor wenden können mit der Behauptung, dass die Religion in primitiven Zeiten »nicht ein System von Glaubensanschauung war, das dann in der Praxis seine Anwendung fand«, sondern vielmehr »die Gesamtheit der feststehenden überlieferten Bräuche«.

In einem wesentlichen Punkt allerdings ist Smith sich mit Tylor einig: Beide betrachten den Mythos als frühreligiöses Phänomen. In modernen Religionen finden sich keine Mythen mehr – und auch keine Rituale. Mythen und Rituale stellen nicht nur alte, sondern auch primitive Phänomene dar. Sowohl für Tylor als auch für Smith ist alte Religion im Grunde nichts anderes als primitive Religion, die den Hintergrund moderner Religion bildet. Während Tylor die Abwesenheit von Mythos und Ritual in der modernen Religion damit erklärt, dass diese nicht mehr die physische Welt, sondern vielmehr eine Kombination aus Ethik und Metaphysik zur Grundlage habe, fehlen der modernen Religion Mythos und Ritual Smith zufolge deshalb, weil sie nur noch eine Kombination aus Ethik und Glauben ist. Für Tylor ist die moderne Religion ein Abstieg von früheren, primitiven Höhen, da ihr die Mythen fehlen. Smith hingegen betrachtet sie als Schritt über die frühen, primitiven Anfänge hinaus. Er tut dies gerade deshalb, weil sich die moderne Religion vom Mythos und vor allem vom Ritual gelöst hat. Als Inbegriff moderner Religion dient ihm sein eigenes, entschieden anti-rituelles, weil anti-katholisches Presbyterianertum. Doch sowohl Tylor als auch Smith sind vor allem in dem Punkt zu kritisieren, dass sie Mythos und Ritual einzig auf die frühe, primitive Religion beschränken.

J. G. Frazer

In seiner Fortführung der mythisch-rituellen Theorie in den verschiedenen Ausgaben des *Goldenen Zweigs* (*The Golden Bough*) geht J. G. Frazer über seinen Freund Smith, dem er die Untersuchung widmete, weit hinaus. Zwar ist *Der goldene Zweig* vor allem für seine dreistufige Unterteilung aller Kultur in die Phasen der Magie, der Religion und der Wissenschaft bekannt geworden, doch befasst sich der Großteil des umfangreichen Werks mit der Übergangszeit zwischen den Phasen der Religion und der Wissenschaft, die Magie und Religion in sich vereint. Nur in diesem Zwischenstadium, das selbst noch alt und primitiv ist, findet sich das Mythisch-Rituelle, denn nur an dieser Stelle sind Mythos und Ritual gemeinsam am Werk.

Frazer vertritt eine wenig einheitliche Theorie und stellt im Grunde zwei unterschiedliche Versionen des Mythisch-Rituellen vor. In der ersten Variante, auf die bereits im ersten Kapitel eingegangen wurde, erzählt der Mythos vom Leben des obersten Gottes im Pantheon, des Gottes der Pflanzenwelt, während das Ritual den Mythos seines Todes und seiner Wiedergeburt auslebt. Das Ritual fußt auf dem magischen Gesetz der Ähnlichkeit, demzufolge die Nachahmung einer Handlung diese hervorbringt. Der Voodoo-Kult kann als besonders plastisches Beispiel für diese Art von Magie gelten. Das Ritual übt direkten Einfluss nur auf den Gott der Pflanzenwelt aus, nicht auf die Pflanzenwelt selbst, doch wenn der Gott dahinscheidet, widerfährt dies automatisch auch den Pflanzen. Das Vermächtnis der Religion besteht in der Tatsache, dass alles Pflanzliche der direkten Kontrolle eines Gottes unterliegt. Das Vermächtnis der Magie besteht in der Tatsache, dass das Pflanzliche überhaupt kontrolliert werden kann, wenn dies auch nur indirekt durch den Gott geschieht. Die Kombination von Mythos und Ritual ist die Kombination von Religion und Magie:

»So wurde die alte magische Theorie von den Jahreszeiten durch eine religiöse verdrängt oder richtiger ergänzt. Obgleich die Menschen nämlich jetzt den jährlichen Kreislauf der Veränderungen in erster Linie entsprechenden Veränderungen an ihren Gottheiten zuschrieben, so glaubten sie doch noch immer, sie könnten den Gott, der das Lebensprinzip war, durch gewisse magische Riten in seinem Kampf gegen das feindliche Prinzip des Todes unterstützen. Sie meinten, seine abnehmenden Kräfte wiederherstellen, ja ihn vom Tode auferwecken zu können.« (Frazer, *Der goldene Zweig*, S. 472 f.)

Das Ritual wird durchgeführt, wenn das Ende des Winters herbeigesehnt wird, also vermutlich dann, wenn die eingelagerten Vorräte zu Ende gehen. Dabei übernimmt ein Mensch, in der Regel der König, die Rolle des Gottes und vollzieht die Handlungen, zu denen er den Gott so auf magische Weise veranlasst.

In Frazers zweiter Variante des Mythisch-Rituellen, die bisher noch nicht zur Sprache kam, ist der König die zentrale Figur. Er spielt dabei nicht nur die Rolle des Gottes, sondern ist selbst göttlich. Frazer meint damit, dass der Gott im König lebt. Wie das Wohlergehen der Pflanzenwelt vom Wohlergehen ihres Gottes abhängt, so hängt jetzt das Wohlergehen des Gottes von dem Wohlergehen des Königs ab: Scheidet der König dahin, widerfährt dasselbe dem Gott der Pflanzenwelt und damit wiederum der Pflanzenwelt selbst. Um eine ständige Versorgung mit Nahrung zu gewährleisten, tötet das Volk seinen König im besten Mannesalter, damit die Seele des Gottes erfolgreich auf den Nachfolger übergehen kann:

»Denn [primitive Völker] glauben [...], daß des Königs Leben auf sympathetische Weise mit dem Wohlergehen des ganzen Landes verknüpft sei; wenn er krank werde

oder altersschwach, werde das Vieh erkranken und auf-
hören, sich zu vermehren, die Ernte werde auf den Fel-
dern verfaulen und die Menschen an einer sich weithin
verbreitenden Krankheit zugrundegehen [sic!]. Die einzige Möglichkeit, diese Mißstände abzuwenden, ist ihrer Ansicht nach daher die, den König umzubringen,
solange er noch wohl und munter ist.« (Frazer, *Der
goldene Zweig*, S. 392)

Der König wird entweder nach Ablauf einer kurzen Regie-
rungszeit oder beim ersten Anzeichen eines körperlichen
Gebrechens getötet. Entsprechend der ersten Variante besteht auch hier das Ziel darin, den Winter zu beenden, der
nun jedoch den abnehmenden Kräften des Königs zugeschrieben wird. Für die Frage, wie es dann möglich ist, dass
es überhaupt jemals, geschweige denn alljährlich, Winter
wird, wenn der König stets beim ersten Einsetzen körper-
licher Schwäche oder sogar früher beseitigt wird, bietet
Frazer allerdings keine Erklärung.

In jedem Fall hat sich diese zweite Variante des Mythisch-Rituellen als die sehr viel einflussreichere erwiesen,
auch wenn sie im Grunde nur eine schwache Verbindung
zwischen religiösem Mythos und magischem Ritual herstellt. Anstatt den Mythos vom Gott der Pflanzenwelt
auszuagieren, veranlasst das Ritual den Gott schlicht und
einfach dazu, seinen Aufenthaltsort zu wechseln. Mit dem
Tod des Königs wird nicht der Tod des Gottes nachgeahmt, sondern es wird ein Opfer gebracht, das das Wohlergehen des Gottes sichert. Es ist nicht ganz leicht zu erkennen, welche Rolle dem Mythos dabei zukommt. Denn
anstatt den Gott durch magische Nachahmung wieder
zum Leben zu erwecken, erreicht das Ritual dies durch
eine Ersetzung.

In Frazers erstem, im wahrsten Sinne des Wortes my-
thisch-rituellem Szenario geht der Mythos dem Ritual
voraus und entsteht nicht erst aus ihm, wie es bei Smith

der Fall ist. Der Mythos, der in dieser kombinierten Phase vollzogen wird, hat seinen Ursprung in der Phase der Religion und entstammt somit einer Zeit vor dem Ritual, in dem er Anwendung findet. In der kombinierten Phase erklärt der Mythos, wie auch bei Smith, das Ritual – allerdings von Beginn an. Er verleiht dem Ritual seine ursprüngliche und einzige Bedeutung: Ohne den Mythos von Tod und Auferstehung des Gottes der Pflanzenwelt würden Tod und Auferstehung dieses Gottes wohl kaum auf rituelle Weise ausagiert werden. Dennoch bietet der Mythos für Frazer (wie schon für Tylor) auch eine Erklärung für die Welt, namentlich des Lebenszyklus der Pflanzen, und nicht nur, wie bei Smith, eine Erklärung für das Ritual. Doch anders als Tylor betrachtet Frazer die Erklärung nur als Mittel zur Kontrolle, sodass der Mythos für ihn eher die alte, primitive Entsprechung zu einer angewandten Wissenschaft ist, als (wie bei Tylor) die Entsprechung einer Wissenschaftstheorie darstellt. Das Ritual ist zwar die Umsetzung des Mythos, doch wird der Mythos ihm dabei untergeordnet.

Frazers mythisch-ritueller Ansatz wird nicht allein dadurch eingeschränkt, dass er – wie Smith – moderne Mythen und Rituale von vornherein ausklammert, sondern vor allem deshalb, weil er sogar die alten, primitiven Mythen und Rituale auf solche beschränkt, die sich mit dem Gott der Pflanzenwelt befassen, und diese wiederum auf solche, die den Tod und die Auferstehung dieses Gottes zum Thema haben.

Während Smith nur am Rande den Fall Adonis behandelt, wird dieser bei Frazer zum zentralen Beispiel für Mythos und Ritual um den sterbenden und wiederauferstehenden Gott der Pflanzenwelt. So inkonsistent Frazer dabei auch vorgehen mag, stellt er dennoch Adonis in den Mittelpunkt aller drei vorwissenschaftlichen Kulturphasen, der der Magie, der der Religion und der, die Magie und Religion in sich vereint.

Die berühmten Gärten des Adonis siedelt Frazer in der von ihm so genannten ersten magischen Kulturphase an. In dieser Phase sind die Menschen noch davon überzeugt, dass die Vorgänge der physischen Welt durch unbelebte Kräfte und nicht durch Götter hervorgerufen werden. Füllen die alten Griechen Erde in Töpfe und pflanzen Samen in die Erde, so wollen sie damit keinen Gott dazu bringen, das Wachstum zu fördern, sondern sie wollen die unbelebte Erde durch das magische Gesetz der Ähnlichkeit dazu veranlassen, ihrerseits Wachstum hervorzubringen: »Denn unwissende Leute bilden sich ein, wenn sie die Wirkung nachahmen, die sie zu erzielen wünschen, trügen sie tatsächlich zu deren Hervorbringung bei.« Da diese Phase noch keine Götter kennt, kann Adonis selbstverständlich auch nicht Gott der Pflanzenwelt sein – vielmehr ist er die Pflanzenwelt selbst. Die Vegetation ist kein Symbol für Adonis, sondern Adonis symbolisiert die Vegetation.

In der zweiten Phase nach Frazer, in der Phase der Religion, treten die Götter an die Stelle magischer Gesetze als Urheber für die Vorgänge in der physischen Welt, sodass Adonis nun zumindest im buchstäblichen Sinn zum Gott der Pflanzenwelt wird. In dieser Funktion kann man ihn schlicht und einfach nur um eine gute Ernte bitten oder dieser Bitte durch Gehorsam gegenüber seinen rituellen und ethischen Vorschriften noch weiteres Gewicht verleihen. Frazer erläutert selbst, dass Trauerrituale für Adonis durchgeführt worden seien – und zwar keineswegs, wie in der nächsten Phase, um seinen Tod ungeschehen zu machen, sondern um Vergebung für sein Sterben von ihm zu erlangen. Denn Adonis stirbt nicht, wie in der dritten Phase, deshalb, weil er in die Unterwelt hinabsteigt, sondern aus dem Grunde, weil die Menschen ihn durch Schneiden, Zerstampfen und Mahlen des Korns – der Gott repräsentiert vor allem diesen Teil der Pflanzenwelt – getötet haben. Der Tod des Adonis ist nicht so sehr »de[r] natürliche[n] Verfall der Vegetation im allgemeinen unter der Hitze des Sommers oder der Kälte des Winters«, sondern vielmehr »die gewaltsame Vernichtung des Korns durch den Menschen«. Und doch ist Adonis weiterhin so sehr am Leben, dass er immer noch dazu in der Lage ist, die Menschen zu strafen. Und dies soll wiederum durch Sühnerituale abgewendet werden. Da Adonis jedoch stirbt, weil die Pflanzenwelt sterben muss, bleibt der Gott auch hier, wie in der ersten Phase, eine reine Metapher für das Element, das er angeblich kontrolliert. Erneut scheidet die Pflanzenwelt dahin, und deshalb muss auch Adonis dahinscheiden.

In Frazers dritter, alles verbindenden Phase scheint Adonis endgültig zum Gott geworden zu sein. Musste er in der zweiten Phase noch mit der Pflanzenwelt dahinscheiden, so geht nun allem Anschein nach die Pflanzenwelt dahin, weil Adonis stirbt. Sein Tod ist gleichbedeutend mit seinem Abstieg in die Unterwelt, um bei Persephone zu sein. Frazer setzt voraus, dass Adonis, ganz unabhängig davon, ob er nun freiwillig oder unfreiwillig hinabgestiegen ist, zu schwach ist, um selbstständig wieder hinaufzusteigen. Indem die Menschen seine Auferstehung vollziehen, erleichtern sie ihm diesen Aufstieg. Einerseits kommt in der Nachahmung wiederum das magische Gesetz der Ähnlichkeit zum Tragen, andererseits zwingt die Nachahmung, anders als in der ersten Phase, Adonis nicht mehr, sondern unterstützt ihn, der trotz seines momentanen Todeszustands noch kräftig genug ist, sich selbst wiederzubeleben – wenn auch nicht ohne fremde Hilfe. In dieser Phase kontrollieren die Götter die physische Welt weiterhin, doch ihr Einfluss ist nun viel mehr zwangsläufig als bewusst. Indem die Auferstehung des Adonis vollzogen bzw. ausagiert wird, wird auch seine Auferstehung und damit auch die Auferstehung der Pflanzenwelt beschleunigt.

Doch selbst auf dieser Stufe befasst sich Frazer einzig und allein mit jenem Aspekt in Adonis' Leben, der dem

Abb. 7. Der Fruchtbarkeitstanz »Grünes Korn« der nordamerikanischen Minnitarees. Illustration von George Catlin aus dem 19. Jh.

jährlichen Zyklus des Wachsens und Vergehens entspricht, nämlich dem Tod und der Auferstehung. Sein ansonsten recht *abnormes* Leben, das er bereits als Frucht eines inzestuösen Verhältnisses beginnt, wird völlig außer Acht gelassen. Unterschlagen wird vor allem sein endgültiger Tod und dessen unnatürliche Ursache, nämlich Totschlag, ja, Mord. Und etwas anderes bleibt Frazer im Grunde auch gar nicht übrig. Denn wenn das Leben des Adonis den pflanzlichen Zyklus symbolisieren soll, muss er immer wieder sterben und auferstehen. Dennoch ist dies eigentlich nicht der Fall. Ganz gleich, auf welche Weise Adonis in der Version des Apollodorus alljährlich den Tod überwindet, tut er dies doch nicht bis in alle Ewigkeit. Bei Ovid ist er sogar nie zuvor gestorben und wieder auferstanden, und Venus ist gerade deshalb so untröstlich, weil er ein für alle Mal dahingegangen ist. Wie also kann sein kurzes, sterbliches Leben ein Symbol für ewige Wiedergeburt abgeben, und wie konnte er überhaupt zum Gott werden? Frazer bleibt uns die Erklärung schuldig.

Schließlich behauptet er – ohne die Widersprüchlichkeit seiner Argumentation zu bemerken –, dass das Leben des Adonis selbst in der dritten, kombinierten Phase weiterhin nur Symbol des pflanzlichen Zyklus sei: Der Mythos, dass Adonis einen Teil des Jahres in der Unterwelt verbringe, »wird höchst einfach und natürlich durch die Annahme erklärt, daß er die Vegetation, besonders das Korn verkörperte, das die eine Hälfte des Jahres in der Erde begraben liegt und in der anderen Hälfte über der Erde erscheint.« (Frazer, *Der goldene Zweig*, S. 491)

An dieser Stelle zeigt sich, dass Adonis letztlich doch nicht der Grund, sondern nur eine Metapher für das Schicksal der Pflanzenwelt ist. Und so scheidet auch in der dritten, wie bereits in der zweiten Phase, Adonis dahin, weil die Pflanzenwelt dahinscheidet. Es ist nicht leicht einzusehen, wie das Mythisch-Rituelle überhaupt möglich sein soll, wenn es keinen Gott mehr gibt, der durch ein Ritual wiederbelebt werden kann, und wenn nur eine Beschreibung des pflanzlichen Zyklus, aber keine Erklärung dafür geboten wird. Indem Frazer die Mythologie als symbolische Beschreibung natürlicher Vorgänge deutet, erinnert er an eine Gruppe vorwiegend deutscher Theoretiker des 19. Jahrhunderts, die unter der passenden Bezeichnung »Naturmythologen« bekannt geworden sind.

Jane Harrison und S. H. Hooke

Die nächste Phase in der Theorie des Mythisch-Rituellen wurde durch Jane Harrison (1850–1928) und S. H. Hooke (1874–1968) eingeläutet. Beide Altphilologen und Bibel-

forscher, waren sie die britischen Vorreiter jener Disziplinen, die sich anfangs am ausführlichsten mit dem Mythisch-Rituellen befassten. Ihre Standpunkte ähneln einander. Beide übernehmen im Großen und Ganzen Frazers
erstes mythisch-rituelles Schema, wobei Hooke – darin fast
ebenso inkonsistent wie Frazer – häufig auch dem zweiten
Schema folgt. Anders als Frazer postulieren Hooke und
Harrison jedoch keine voneinander unterschiedenen
Frühphasen der Magie und der Religion, sondern setzen
stattdessen bei dem Äquivalent zu Frazers kombiniertem
Stadium an. Ähnlich wie Frazer betrachten auch sie das
Mythisch-Rituelle als altes, primitives Gegenstück zur
modernen Wissenschaft, die nicht nur das Mythisch-Rituelle ersetzt, sondern auch Mythos und Ritual als solche.
Harrison und Hooke folgen Frazer aber vor allem in ihrer
Bereitschaft, die vordem als überlegen hochgeschätzten
Religionen wie die des hellenischen Griechenlands oder
des biblischen Israel als primitiv einzustufen. Die traditionelle, fromme Sichtweise ging dahin – und tut dies in
vielen Fällen bis heute –, Griechenland und Israel als den
unbedarften, magischen Bemühungen ihrer Nachbarn
überlegen zu erklären.

Harrison wagte sich sowohl über Frazer als auch über
Hooke hinaus, indem sie dem Ritual zur Erneuerung der
Pflanzenwelt das Ritual der Initiation in die Gesellschaft
hinzufügte. Sie ging sogar so weit zu behaupten, dass das
ursprüngliche Ritual in seiner alljährlichen Durchführung
ausschließlich initiatorische Funktion besaß. Es habe keinen zugehörigen Mythos gegeben, sodass für sie, wie für
Smith, das Ritual dem Mythos vorausgeht. Der Gott sei
nur die Projektion der durch das Ritual ausgelösten Eu-
phorie. In der Folge wurde aus diesem Gott der Gott der
Pflanzenwelt. Der Mythos von seinem Tod und seiner
Auferstehung entstand, und das Initiationsritual wurde
damit auch ein landwirtschaftliches Ritual. Genau so, wie
die Initiierten eines symbolischen Todes sterben, um als

vollwertige Mitglieder der Gesellschaft wiedergeboren zu
werden, so sterben der Gott der Pflanzenwelt und auch
die Pflanzen selbst im Wortsinn und werden wiedergeboren. Im Lauf der Zeit verschwand die initiatorische Seite
des kombinierten Rituals, und nur der Frazer'sche landwirtschaftliche Aspekt blieb übrig.

Im Gegensatz zu Smith streiten sowohl Harrison als
auch Hooke ganz entschieden ab, dass der Mythos eine
Erklärung des Rituals darstellt: »Der Mythos«, so Harrison, »ist kein Versuch, etwas zu erklären, weder Tatsachen
noch Riten«. Doch letztlich unterscheiden sich weder ihre
noch Hookes Thesen grundsätzlich von denen Frazers.
Der Mythos ist immer noch Erklärung dessen, was im gegenwärtigen Ritual geschieht, wenngleich er nicht erklärt,
wie dieses Ritual zustande kam. Der Mythos erfüllt dieselbe Funktion wie der Ton im Film oder der erklärende
Kommentar zu einer Pantomime. Hooke führt aus: »Der
mündliche Teil eines Rituals besteht im Allgemeinen aus
einer Beschreibung dessen, was sich gerade abspielt. [...]
In diesem Sinne wird auch der Begriff ›Mythos‹ in unserer
Diskussion verwendet.« Harrison formuliert das noch
knapper: »Die primäre Bedeutung des Mythos [...] ist das
gesprochene Korrelat zum vollzogenen Ritus, zu dem, was
getan wird.«

Sowohl Harrison als auch Hooke gehen über Frazers
Ansatz hinaus. Während der Mythos für Frazer nur dramatische Kraft besitzt, ist er für Harrison und Hooke magisch im Wortsinn. Hooke schreibt: »Das gesprochene
Wort besaß dieselbe Wirksamkeit wie eine Tat.« Und Harrison bezeichnet den Mythos als »eine Erzählung mit magischer Absicht und ebensolcher Kraft«. Wir haben es hier
also mit Wortmagie zu tun. Zeitgenössische Theoretiker
des Mythisch-Rituellen wie der amerikanische Altphilologe Gregory Nagy greifen auf das Wesen mündlicher im
Vergleich zu schriftlicher Literatur zurück, um zu erläutern, dass der Mythos dem Ritual bzw. der Performanz

ursprünglich eng verbunden war und selbst ritualistische Züge trug: »Sobald wir den Mythos als Performanz betrachten, erkennen wir, dass er selbst eine Form des Rituals ist. Statt Mythos und Ritual als getrennte und miteinander kontrastierende Größen zu denken, können wir sie als Kontinuum betrachten, wobei der Mythos den wörtlichen Aspekt des Rituals bildet und das Ritual den symbolischen Aspekt des Mythos.« (Gregory Nagy, »Can Myth Be Saved?«, S. 243) Inwieweit Nagys Position über Hooke und Harrison hinausgeht, wird in diesem Zusammenhang jedoch keineswegs deutlich.

Anwendung der Theorie

Die Altphilologen Gilbert Murray, F. M. Cornford und A. B. Cook, die alle entweder Engländer sind oder in England leben, haben Harrisons Theorie auf altgriechische Phänomene wie die Tragödie, die Komödie, die Olympischen Spiele, die Wissenschaft und die Philosophie angewendet. Dabei interpretieren sie diese scheinbar weltlichen, fast schon anti-religiösen Phänomene als unterschwellige Ausdrucksformen des Mythos von Tod und Auferstehung des Gottes der Pflanzenwelt.

Unter den Bibelforschern waren der Schwede Ivan Engnell, der Waliser Aubrey Johnson und der Norweger Sigmund Mowinckel unterschiedlicher Auffassung darüber, in welchem Maß vor allem das alte Israel dem mythisch-rituellen Muster verpflichtet war. Engnell stellt eine sehr viel weiter gehende Verpflichtung fest als der vorsichtigere Hooke. Johnson und vor allem Mowinckel stufen sie als viel geringer ein.

Im Rückgriff auf Frazer wendet Bronislaw Malinowski, dessen Theorie im ersten Kapitel erläutert wurde, seine eigene, abgewandelte Version dieser Theorie auf die Mythen verschiedener Urvölker weltweit an. Malinowski legt dar, dass Mythen, die für ihn, wie auch für Smith, den Ursprung von Ritualen erklären, dem jeweiligen Ritual eine altehrwürdige Vergangenheit zusprechen und es auf diese Weise legitimieren. Eine Gesellschaft hängt von Mythen ab, um die Einhaltung von Ritualen voranzutreiben. Doch nicht nur Rituale hängen von Mythen ab, sondern nach Ansicht von Malinowski auch zahlreiche andere kulturelle Praktiken, die wiederum für die Gesellschaft konstitutiv sind. Sie verfügen über jeweils eigene Mythen. Mythos und Ritual bedingen einander also nicht grundsätzlich.

Mircea Eliade, dessen Theorie im dritten Kapitel vorgestellt wurde, vertritt ganz ähnliche Thesen, geht jedoch über Malinowski hinaus, indem er diese Thesen ebenso auf moderne wie auf primitive Kulturen anwendet. Auch für ihn sanktionieren Mythen nicht nur Rituale, sondern die verschiedensten Phänomene, indem sie den Phänomenen zu einem Ursprung verhelfen. Mythos und Ritual bedingen einander also auch für ihn nicht. Doch Eliade geht auch in diesem Punkt über Malinowski hinaus, indem er die wichtige Rolle betont, die das rituelle Ausagieren eines Mythos bei der Erfüllung der eigentlichen mythischen Funktion übernimmt: Wird der Mythos ausagiert, dient er als Zeitmaschine, die den Menschen in die mythische Zeit zurücktransportiert und ihn damit dem Göttlichen näher bringt.

Anwendung der Theorie auf die Literatur

Außerhalb des religiösen Bereichs wurde die Theorie des Mythisch-Rituellen am eindrücklichsten vor allem auf die Literatur angewendet. Schon Harrison leitete forsch nicht nur die Literatur, sondern sämtliche Kunst vom Ritual ab. Entsprechend ihrer Vermutung gaben die Menschen nach und nach den Glauben daran auf, die Nachahmung einer Tat könne diese Tat dann real geschehen lassen. Anstatt jedoch das Ritual aufzugeben, praktizierten sie es nun um seiner selbst willen, und so wurde Ritual zu Kunst. Für diese These führt Harrison als überzeugendstes Beispiel das Theater an. In etwas bescheidenerem Maße verorten Murray und Cornford vor allem das griechische Epos sowie die Tragödie und die Komödie im Mythisch-Rituellen. Murray weitet die Theorie noch auf Shakespeare aus.

Weitere Vorkämpfer dieser Theorie waren Jessie Weston in Hinblick auf die Gralssage, E. M. Butler in Hinblick auf den Faust-Stoff, C. L. Barber in Bezug auf Shakespeares Komödien, Herbert Weisinger unter Berücksichtigung von dessen Tragödien und der Tragödie insgesamt, Francis Fergusson ebenfalls mit Bezug zur Tragödie, Lord Raglan hinsichtlich von Heldenmythen und der Literatur in ihrer Gesamtheit und schließlich Northrop Frye und Stanley Edgar Hyman in Bezug auf die gesamte Literatur. Als Literaturwissenschaftlern ging es diesen Theoretikern des Mythisch-Rituellen verständlicherweise nicht so sehr um den Mythos selbst, als vielmehr um den mythischen Ursprung von Literatur. Literarische Werke werden als Weiterentwicklung von Mythen gedeutet, die früher einmal mit Ritualen verknüpft waren. Für die Literaturwissenschaftler, die sich auf Frazer beziehen – und das ist die Mehrheit –, geht alle Literatur auf dessen zweites mythisch-rituelles Szenario zurück. Der Satz »Der König muss sterben« wird hier zur beliebten Kurzformel.

Für die literarisch orientierten Theoretiker des Mythisch-Rituellen wird ein Mythos dann zu Literatur, wenn er vom Ritual getrennt wird. An ein Ritual gebundene Mythen sind religiöse Literatur, vom Ritual losgelöste Mythen sind weltliche Literatur, d. h. Literatur im eigentlichen Sinn. In Verbindung mit einem Ritual können Mythen all die aktiven Funktionen erfüllen, die die Theoretiker des Mythisch-Rituellen ihnen zuschreiben. Ohne Ritual werden sie zum bloßen Kommentar.

Das literarische Mythisch-Rituelle ist keine Theorie des

Mythos und auch keine Theorie des Rituals, die beide als gegeben vorausgesetzt werden, sondern eine Theorie über ihre Auswirkungen auf die Literatur. Es ist jedoch auch keine Literaturtheorie, denn das Mythisch-Rituelle weigert sich, Literatur auf Mythen zu reduzieren. Es bietet vielmehr eine Erklärung für die Verwandlung von Mythos und Ritual in Literatur und wird detailliert im nächsten Kapitel behandelt.

René Girard

In seinem Buch *The Hero*, das ebenfalls ausführlicher Gegenstand des nächsten Kapitels sein wird, erweitert Lord Raglan Frazers zweites mythisch-rituelles Szenario, indem er den König, der für sein Volk stirbt, zum Helden werden lässt. In *Das Heilige und die Gewalt* (*La violence et le sacré*) sowie in zahlreichen weiteren Werken präsentiert der in Frankreich geborene und in Amerika lebende Literaturwissenschaftler René Girard (geb. 1923) eine ironische Wendung der Theorie Raglans, ohne ihn jemals direkt zu zitieren. Während Raglans Held bereitwillig für die Gemeinschaft stirbt, wird Girards Held von dieser Gemeinschaft entweder getötet oder verbannt, weil er der Urheber ihrer gegenwärtigen Nöte ist. Tatsächlich wird dieser ›Held‹ zunächst als Verbrecher betrachtet, der den Tod verdient. Erst nach und nach wird der Schurke zum Helden, der, wie auch bei Raglan, selbstlos für das Volk stirbt. (Sowohl Raglan als auch Girard ziehen als ausführlichstes Beispiel Ödipus heran – doch keiner von beiden wird aus diesem Grunde zum Freudianer. Im Gegenteil: Beide lehnen Freud ab.) Für Girard ist die Wandlung des Ödipus vom geschmähten Exilanten in Sophokles' *König Ödipus* zum geschätzten Wohltäter in *Ödipus auf Kolonos* Symbol für die Wandlung vom Verbrecher zum Helden.
  Doch bildet diese Wandlung nach Girard erst den zwei-

ten Teil des Prozesses. Den ersten Teil konstituiert die Wandlung vom unschuldigen Opfer zum Verbrecher. Zunächst einmal bricht in der Volksgemeinschaft Gewalt aus. Grund dafür ist die dem Menschen angeborene Neigung, andere nachzuahmen und daher auch nach denselben Gegenständen zu verlangen wie diejenigen, die nachgeahmt werden. Nachahmung führt zu Rivalität, und diese führt wiederum zu Gewalt. Im verzweifelten Versuch, der Gewalt ein Ende zu setzen, bestimmt die Gemeinschaft ein unschuldiges Mitglied, um es für das ganze Tohuwabohu verantwortlich zu machen. Dieser »Sündenbock« kann jeder X-Beliebige sein, vom hilflosesten Mitglied der Gemeinschaft bis hin zum höchsten, also sogar, wie im Fall des Ödipus, der König. Im Regelfall wird das Opfer getötet, manchmal auch, wie Ödipus, verbannt. Die Tötung ist ein ritualisiertes Opfer. Anstatt das Ritual, wie nach Frazers Auffassung, zu *steuern*, wird der Mythos für Girard erst nach dem Tötungsakt geschaffen, um diesen zu *entschuldigen*. Wie für Smith entsteht der Mythos also aus dem Ritual, doch er entsteht, um das Ritual zu rechtfertigen, nicht, um es zu erklären. Der Mythos macht den Sündenbock zum Verbrecher, der den Tod verdient, und verwandelt den Verbrecher schließlich in einen Helden, der freiwillig zum Wohl der Gemeinschaft gestorben ist.

Girards Theorie, die sich vor allem um die Stellung des Protagonisten in der Gemeinschaft dreht, scheint auf den Adonis-Mythos auch beim besten Willen nicht anwendbar zu sein. Adonis stirbt ganz offensichtlich keinen freiwilligen oder selbstlosen Tod. Allein die Welten, die er bewohnt – der Wald und die Unterwelt –, scheinen der Gesellschaft so fern wie nur irgend möglich zu sein. Dennoch erfolgt im achten Kapitel eine gesellschaftliche Deutung ebendieses Mythos, und dort wird auch Girards Interpretation des Ödipus-Mythos vorgestellt.

Auch wenn Girard Raglan nie erwähnt, zitiert er doch mit großer Regelmäßigkeit Frazer. Indem er sich auf des-

sen zweites mythisch-rituelles Szenario beschränkt, lobt
Girard Frazer, dass er das entscheidende primitive Ritual
des Königsmords erkannt habe, bemängelt aber, er habe
dessen wahren Ursprung und wahre Funktion übersehen.
Bei Frazer ist das Opfer die unschuldige Umsetzung einer
unaufgeklärten, vorwissenschaftlichen Auslegung der
Welt: Der König wird getötet und ersetzt, damit der Gott
der Pflanzenwelt, dessen Seele im jeweiligen Amtsinhaber
lebt, seine Gesundheit entweder erhalten oder wiederge-
winnen kann. Seine Opferung erfüllt einen rein landwirt-
schaftlichen Zweck. Es ist kein Hass auf das Opfer im
Spiel, das einfach nur seine Pflicht als König erfüllt und
für seine Aufopferung entsprechend gepriesen wird. Girard zufolge fällt Frazer damit auf die mythische Ver-
schleierungstaktik herein. Der wahre Ursprung und die
wahre Funktion des Rituals und des daraus entstehenden
Mythos sind keineswegs landwirtschaftlich, sondern sozi-
al motiviert, wie im achten Kapitel noch genauer erläutert
werden wird.

Walter Burkert

Der amerikanische Anthropologe Clyde Kluckhohn rühr-
te vielleicht als Erster an das Dogma der Untrennbarkeit
von Mythos und Ritual. Der deutsche Altphilologe Walter
Burkert (geb. 1931) allerdings geht weit über Kluckhohn
hinaus, indem er eine ursprüngliche Unabhängigkeit von
Mythos und Ritual nicht nur einräumt, sondern geradezu
voraussetzt. Wenn Mythos und Ritual zusammenkom-
men, so seine These, dienen sie nicht nur, wie Kluckhohn
annimmt, einem gemeinsamen Zweck, sondern verstärken
einander. Der Mythos unterstützt das Ritual, indem er
rein menschlichem Verhalten einen göttlichen Ursprung
verleiht: Tue dies, weil die Götter es bereits getan haben
oder immer noch tun. Umgekehrt unterstützt das Ritual

Abb. 8. Die Jagd auf den Kalydonischen Eber. Lakedämonisch-griechische Tasse aus Cerveteri (Italien), 6. Jh. v. Chr.

den Mythos, indem es eine einfache Geschichte in eine Verhaltensvorschrift verwandelt, die unbedingten Gehorsam fordert: Wenn du dies nicht tust, riskierst du Leid oder gar Strafe. Während für Smith der Mythos dem Ritual dient, dient für Burkert das Ritual ebenso dem Mythos.

Wie Girard führt Burkert Mythen auf Opferrituale und diese wiederum auf die menschliche Aggression zurück, beschränkt sich dabei jedoch nicht auf Menschenopfer. Er sieht die eigentliche Wurzel des Opfers in der Jagd, der ursprünglichen Ausdrucksform von Aggression. Darüber hinaus dient der Mythos für Burkert nicht wie für Girard dazu, die Realität des Opfers zu verschleiern, sondern es ganz im Gegenteil zu bewahren und seine psychologischen und sozialen Auswirkungen zu erhalten. Und schließlich verbindet Burkert Mythen nicht nur mit Opferritualen, sondern, wie Harrison, auch mit Initiationsriten. An dieser Stelle kommt dem Mythos dieselbe gesellschaftsbildende Funktion zu wie dem Ritual.

Für Burkert sind Rituale »Als-ob«-Verhaltensweisen. Um sein zentrales Beispiel heranzuziehen: Das eigentlich Rituelle liegt nicht in den Bräuchen und Formalia, die mit der tatsächlichen Jagd verknüpft sind, sondern in der Darstellung der Jagd. Seine Funktion liegt nicht mehr, wie für Frazer, in der Nahrungsbeschaffung, denn das eigentliche Ritual entwickelte sich erst, als der Ackerbau die Jagd als primäre Nahrungsquelle bereits verdrängt hatte: »Die Jagd selbst verlor ihre Grundfunktion mit dem Aufkommen des Ackerbaus vor etwa zehntausend Jahren. Doch das Ritual des Jagens war bereits so wichtig geworden, dass es nicht mehr aufgegeben werden konnte.« (Burkert, *Structure and History in Greek Mythology and Ritual*, S. 55)

Der gemeinschaftliche Aspekt der tatsächlichen und in der Folge der ritualisierten Jagd diente dazu, die Sorge um die eigene Aggressivität und die eigene Sterblichkeit zu lindern und gleichzeitig ein Band zwischen den Beteiligten zu knüpfen. Damit erfüllte sie psychologische und soziologische, jedoch keinerlei landwirtschaftliche Funktion.

Der Adonis-Mythos wäre für Burkert ein geradezu ironischer Fall. Nicht nur jagt Adonis allein und nicht in der Gemeinschaft, er ist zudem nicht einmal ein echter Jäger und wird auch nicht von Sorgen geplagt. Für ihn ist die Jagd mehr ein Sport als eine Begegnung auf Leben und Tod. So kann die Jagd ihn auch weder auf psychischem noch auf sozialem Gebiet voranbringen. Und doch kann seine Geschichte anderen als Warnung dienen, wie im achten Kapitel erläutert werden wird.

Mythos und Literatur

Das Verhältnis zwischen Mythos und Literatur hat ganz unterschiedliche Formen angenommen. Deren offensichtlichste ist die Verwendung von Mythen in literarischen Werken. Es ist eine Standardaufgabe in literaturwissenschaftlichen Seminaren, klassische Figuren, Ereignisse und Themen durch die spätere westliche Literatur zu verfolgen – angefangen bei den Kirchenvätern, die sich der klassischen Mythologie bedienten und gleichzeitig erbittert das Heidentum bekämpften, über Petrarca, Boccaccio, Dante, Chaucer, Spenser, Shakespeare, Milton, Goethe, Byron, Keats und Shelley bis hin zu Joyce, Eliot, Gide, Cocteau, Anouilh und Eugene O'Neill. Biblischen Mythen widerfährt im Allgemeinen dasselbe. Beide Mythengruppen wurden bereits wörtlich oder symbolisch gelesen, neu arrangiert oder vollkommen neu geschrieben. Und sie finden sich in jeder Kunstform, einschließlich Musik und Film. Freud zog die mythischen Figuren Ödipus und Elektra zur Benennung der grundlegendsten menschlichen Triebe heran und übernahm aus der Psychiatrie die Figur des Narziss zur Benennung der Eigenliebe.

Dabei sind klassische bzw. heidnische Mythen noch um einiges allgegenwärtiger als biblische, denn die klassische Mythologie hat den Niedergang der Religion überstanden, deren Teil sie vor zweitausend Jahren ursprünglich einmal war. Im Gegensatz dazu wird die biblische Mythologie von der fast schon monolithischen Gegenwart der Religion aufrechterhalten, deren Teil sie immer noch ist. So hat sich die klassische Mythologie also genau in jener Kultur erhalten, die sich der Religion verpflichtet fühlt, der die klassische Religion zum Opfer gefallen ist. Bis vor kurzem war allein der Begriff »heidnisch« negativ konnotiert. Man kann es als ironische Umkehrung von Tylors Position betrachten, dass zwar die klassische Mythologie überlebt hat, die dazugehörige Religion jedoch nicht. In diesem Zusammenhang bezieht sich Tylor allerdings auf das Überleben des Christen-, nicht auf das des Heidentums und auf dessen Überleben im Angesicht moderner Wissenschaft, nicht auf das einer rivalisierenden Religion.

Der mythische Ursprung der Literatur

Eine weitere Form des Verhältnisses zwischen Mythos und Literatur, die im vorigen Kapitel bereits angesprochen wurde, findet sich in der Herleitung der Literatur aus dem Mythos. Vorreiter dieses Ansatzes waren Jane Harrison und ihre altphilologischen Kollegen Gilbert Murray und F. M. Cornford. Betrachten wir im Folgenden einige Beispiele für diesen Ansatz.

In ihrem Buch *From Ritual to Romance* wendet die englische Mediävistin Jessie Weston (1850–1928) Frazers zweites mythisch-rituelles Szenario auf die Gralssage an. Sie folgt Frazer mit der These, dass für antike und Naturvölker die Fruchtbarkeit des Landes unmittelbar von der Fruchtbarkeit des Königs abhing, in dem der Gott der Pflanzenwelt lebt. Doch während für Frazer das entscheidende Ritual darin besteht, den leidenden König zu ersetzen, liegt für Weston das Ziel der Gralssuche darin, den König zu *verjüngen*. Zudem fügt Weston dem Ganzen eine übersinnlich-spirituelle Dimension hinzu, die weit über Frazers Thesen hinausgeht. Das Ziel der Suche, so stellt sich heraus, ist eine mystische Einheit mit Gott und nicht nur der Versuch, Nahrung von Gott zu erhalten. Diese spirituelle Dimension der Sage war es auch, die T. S. Eliot dazu veranlasste, Westons Ansatz in seinem berühmten Langgedicht »The Waste Land« zu verwenden. Weston re-

duziert die Gralssage dabei nicht auf etwas primitiv Mythisch-Rituelles, sondern verfolgt ihre Ursprünge zurück
zu den primitiven Mythen und Ritualen. Die Sage selbst
ist Literatur, kein Mythos. Und da es in Frazers zweitem
mythisch-rituellen Szenario nicht um das Ausagieren eines
Mythos vom Gott der Pflanzenwelt geht, sondern um den
Zustand des regierenden Königs, ist auch der Mythos, aus
dem die Sage entstanden ist, keiner, der das Leben eines
Gottes wie Adonis zum Thema hätte, sondern das Leben
des Gralskönigs selbst.

Francis Fergusson (1904–1986), ein angesehener ameri-
kanischer Theaterkritiker, übertrug in seinem Buch *The
Idea of a Theater* Frazers zweites mythisch-rituelles Szenario auf die literarische Gattung der Tragödie. Er erläutert, dass die Geschichte von Leiden und Erlösung des tragischen Helden sich aus Frazers Szenario des Tötens und
Ersetzens des Königs herleitet. So muss Ödipus, der König von Theben, zum Wohl seiner Untertanen zwar nicht
sein Leben, aber doch seinen Thron opfern. Nur dann,
wenn er abdankt, wird die Pest enden. Doch wie für
Weston ist auch für Fergusson die Erneuerung nicht so
sehr physischer als vielmehr spiritueller Natur, und Ödipus sucht sie ebenso sehr für sich selbst wie für sein Volk.

Anders als die meisten literarischen Theoretiker des
Mythisch-Rituellen beschäftigt sich Fergusson gleichermaßen mit dem Produkt – nämlich dem Drama – wie mit
der Quelle – also mit Mythos und Ritual. Er kritisiert
Harrison und vor allem Murray sogar dafür, dass sie den
Frazer'schen Akt des Königsmords und nicht beispielsweise das Thema der Selbstaufopferung als eigentlichen
Sinn der Tragödie benennen. Für Fergusson wie auch für
Weston stellt das Frazer'sche Szenario zwar den Hintergrund für die Literatur, bleibt dabei aber selbst sehr viel
mehr Mythos und Ritual als Literatur.

In seiner *Analyse der Literaturkritik* (*Anatomy of Criti-
cism*) zeigt der berühmte kanadische Literaturwissen-

schaftler Northrop Frye (1912–1991), dass nicht nur eine, sondern alle literarischen Gattungen sich vom Mythos herleiten. Dies gilt insbesondere für die Mythen um das Leben des Helden. Frye assoziiert den Lebenszyklus des Helden mit verschiedenen anderen Zyklen: der jährlichen Abfolge der Jahreszeiten, dem täglichen Kreislauf der Sonne und dem nächtlichen Zyklus von Träumen und Erwachen. Die Gleichsetzung mit den Jahreszeiten stammt von Frazer, die mit der Sonne möglicherweise von Max Müller, auch wenn dieser nie explizit genannt wird. Die Gleichsetzung mit den Träumen leitet sich von Jung her. Die Gleichsetzung von Jahreszeiten und Heldentum mag, obwohl das nie klar gesagt wird, auch von Raglan stammen, der hier in Kürze ausführlicher betrachtet werden soll. Frye entwirft sein eigenes heroisches Muster, das er den »Mythus der Zielsuche« nennt, das jedoch nur aus vier breit gefassten Phasen besteht, nämlich aus Geburt, Triumph, Isolation und Überwältigung des Helden.

Jede der literarischen Hauptgattungen wird zugleich mit einer Jahreszeit, einer Tageszeit, einem Bewusstseinszustand und vor allem mit einer Phase des Heldenmythos in Verbindung gebracht. Die Komödie entspricht dem Frühling, dem Sonnenaufgang, dem Erwachen und der Geburt des Helden. Die Romanze entspricht dem Sommer, dem Mittag, dem wachen Bewusstsein und dem Triumph. Die Tragödie steht für Herbst, Sonnenuntergang, Tagträume und die Isolation, die Satire für den Winter, die Nacht, den Schlaf und die Überwältigung des Helden. Dabei entsprechen die literarischen Gattungen dem Heldenmythos nicht nur, sie haben sich auch aus ihm entwickelt. Der Mythos selbst entstammt dem Ritual – dem Frazer'schen Szenario des Mythisch-Rituellen, in dem göttliche Könige getötet und durch andere ersetzt werden.

Wie die meisten anderen literarischen Theoretiker des Mythisch-Rituellen reduziert auch Frye Literatur nicht auf Mythen. Er zeigt sich im Gegenteil besonders kompromisslos im Beharren auf ihrer Autonomie. Wie Fergusson tadelt er Murray und Cornford nicht dafür, dass sie Mutmaßungen über die mythisch-rituellen Ursprünge der Tragödie (Murray) und der Komödie (Cornford) anstellen – eine nicht-literarische Frage –, sondern dafür, dass sie die Bedeutung beider Gattungen – die eigentlich literarische Frage – als Ausagieren des Frazer'schen Königsmord-Szenarios betrachten.

Und doch zieht Frye später sowohl Frazer als auch Jung heran, um die Bedeutung und nicht nur den Ursprung von Literatur herauszuarbeiten. Er liest ihre Hauptwerke als literaturwissenschaftliche Studien und begreift sie nicht nur, nicht einmal vordringlich, als anthropologische oder psychologische Werke:

»Die Faszination, die der *Goldene Zweig* und Jungs Werk zu Symbol und Libido [d. h. *Symbole der Wandlung*] auf Literaturwissenschaftler ausüben […], liegt […] in der Tatsache begründet, dass diese Werke im Grunde literaturwissenschaftliche Studien sind. […] Im *Goldenen Zweig* geht es eigentlich nicht darum, wie sich die Menschen in einer fernen und wilden Vergangenheit verhielten, sondern darum, wie sich die menschliche Vorstellungskraft bei dem Versuch verhält, sich über die großen Mysterien von Leben, Tod und Leben nach dem Tod zu äußern.« (Frye, »The Archetypes of Literature«, S. 17; »Symbolism of the Unconscious«, S. 89)

Entsprechend wird Jungs *Psychologie und Alchemie*, ein Werk, das Frye ebenfalls einer näheren Betrachtung unterzieht, auch nicht nur als unfundierter Vergleich der Alchemie, einer überholten Wissenschaft, mit einer von mehreren psychologischen Wiener Schulen betrachtet, sondern vielmehr als Grammatik eines literarischen Symbolismus, der für alle ernsthaften Studenten der Literaturwissenschaft ebenso grundlegend wie faszinierend ist.

Frye geht sicherlich zu weit, wenn er Frazer und Jung nicht als Theoretiker, sondern als heimliche Mythographen, also als Aufzeichner von Mythen, begreift. Weder Frazer noch Jung legen es darauf an, nur die Bedeutung des Mythos zu klären, sondern auch seinen Ursprung und seine Funktion. Die »Grammatiken«, die sie zur Verfügung stellen, sind als Belege, nicht als Symbolhandbücher gedacht. Frazer vertritt die Ansicht, dass rituelle Königsmorde tatsächlich stattgefunden haben, auch wenn sie mit der Zeit zur reinen Darstellung abgemildert wurden. Und Jung ist der Meinung, dass Archetypen tatsächlich existieren, nämlich im menschlichen Geist wie auch in der wirklichen Welt.

Da Frye Mythos und Literatur so eng zusammenbringt, ohne jedoch die Literatur im Mythos aufzulösen, wird sein literaturwissenschaftlicher Ansatz verwirrenderweise oft der ›Mythenkritik‹ zugerechnet, als deren eifrigster Verfechter er gilt. Ebenso häufig bezeichnet man seinen Ansatz als ›Archetypenkritik‹, denn da er die literarischen Gattungen in aller Unschuld ›Archetypen‹ nennt, hält man ihn oft fälschlicherweise für einen Anhänger Jungs und auch hier wiederum für dessen eifrigsten Verfechter. Um die Verwirrung noch zu vergrößern, gibt es tatsächlich auch bekennende Jungianer unter den Literaturwissenschaftlern, auf die die Bezeichnung ›Archetypenkritik‹ durchaus passt – allen voran Maud Bodkin mit ihren *Archetypal Patterns in Poetry*. Und um das Durcheinander perfekt zu machen, gibt es diverse Post-Jungianer, die sich selbst *nicht mehr* Jungianer nennen, sondern ›Archetypenpsychologen‹. Unter diesen sind vor allem James Hillman und David Miller zu erwähnen, die sich beide ausführlich zum Mythos geäußert haben.

In *Das Heilige und die Gewalt* sowie in weiteren Werken treibt René Girard, dessen Thesen im vorangegangenen Kapitel erörtert wurden, den schärfsten Keil zwischen Mythos und Literatur. Wie Fergusson und Frye kritisiert

auch er Harrison und Murray dafür, dass sie Mythos und
Ritual mit der Tragödie in einen Topf werfen. Doch er kritisiert sie noch sehr viel schärfer, da sie die Tragödie damit
domestizieren. Für Harrison und Murray *beschreibt* der
Mythos das Ritual, während die Tragödie es nur *drama-
tisch bearbeitet.* Schlimmer noch: Sie verwandelt ein tatsächliches Ereignis in ein bloßes Sujet. Für Girard jedoch
begründet der Mythos das Ritual, und die Tragödie, beispielsweise Sophokles' Ödipus-Dramen, offenbart die
Wahrheit. Seine Kritik richtet sich jedoch vor allem gegen
Frazers zweites mythisch-rituelles Szenario, in dem der
König tatsächlich getötet wird. Harrison und Murray beziehen sich stattdessen auf das erste Frazer'sche Szenario,
bei dem der König einfach nur die Rolle des Gottes der
Pflanzenwelt spielt. In diesem Szenario stirbt zwar der
Gott, nicht aber der König, und auch der Gott kann sterben, ohne getötet zu werden, wie Adonis bei seiner alljährlichen Reise in die Unterwelt. Girards Vorwurf, Harrison,
Murray und teilweise auch Frazer selbst würden den realen Tötungsakt ignorieren, der aller Tragödie zugrunde
liegt, ist daher auf geradezu peinliche Weise unbegründet.

Mythos als Geschichte

Ein weiterer Aspekt in der Betrachtung von Mythos und
Literatur liegt in der Fokussierung auf eine gemeinsame
Handlung. Weder bei Tylor noch bei Frazer findet sich eine
Berücksichtigung des Mythos als Geschichte. (Ich ziehe
den Begriff ›Geschichte‹ dem heutzutage schickeren Begriff
›Erzählung‹ vor.) Natürlich würde keiner von beiden be-
streiten, dass es sich bei Mythen um Geschichten handelt.
Es ist vielmehr so, dass sie den Mythos als kausale Erklä-
rung bestimmter Ereignisse verstehen, die eher zufällig die
Form einer Geschichte annimmt. Die Parallelisierung von
Mythos und Wissenschaft erfordert, dass das erzählerische

Element zugunsten des erklärenden Inhalts herunterge-
spielt wird. Natürlich erzählt der Mythos für beide die
›Geschichte‹, wie Helios die Verantwortung für die Sonne
übernimmt und wie er diese neue Verantwortlichkeit aus-
übt, doch Tylor und Frazer sind vor allem an der Informa-
tion selbst interessiert, nicht aber an ihrer Vermittlungsart.
Gängige literaturwissenschaftliche Kategorien wie Charakterisierung, Zeit, Stimme, Perspektive und Rezeptionsfor-
schung finden dabei genauso wenig wie bei der Analyse
eines naturwissenschaftlichen Gesetzes Beachtung.

Da der Mythos für Tylor und Frazer wiederkehrende
Ereignisse erklären soll, könnte man ihn durchaus auch als
Gesetz neu formulieren. Ein Beispiel: Wenn es regnet, geschieht dies, weil der Regengott dies beschlossen hat. Für
die Tatsache, dass es regnet, gibt es immer nur diesen einen Grund. Wenn die Sonne aufgeht, geschieht dies, weil
der Sonnengott sich entschlossen hat, in seinen Wagen zu
steigen, an dem die Sonne befestigt ist, und mit diesem
Wagen über den Himmel zu fahren. Auch dieser Grund
bleibt immer derselbe. Da Frazer die Götter als Symbole
natürlicher Vorgänge begreift, wäre ein so umformulierter
Mythos lediglich beschreibend und nicht erklärend: Er
würde nur aussagen, *dass* es periodisch regnet und *dass* die
Sonne regelmäßig aufgeht, nicht jedoch, *warum*.

Vor allem für Tylor, der Mythen wörtlich nimmt, sind
diese alles, nur keine Literatur. Es käme einer Trivialisie-
rung gleich, sie als Literatur zu behandeln und ihren er-
klärerischen Wahrheitsanspruch als gekünstelte, poetische
Beschreibung zu betrachten. Während Frye und viele andere dafür argumentieren, Literatur nicht auf Mythen zu
reduzieren, setzt sich Tylor dafür ein, Mythen nicht auf
Literatur zu reduzieren. Im Licht der Postmoderne, die
die Argumentationen sämtlicher Fachrichtungen, auch der
Wissenschaft und der Gesetzgebung, neu als Geschichten
charakterisiert, fällt Tylors Gleichgültigkeit gegenüber der
Geschichte des Mythos besonders auf.

Ebenso auffällig ist seine Trennung von Mythos und Geschichte, wenn man sie aus der Perspektive des amerikanischen Literaturwissenschaftlers Kenneth Burke (1897–1993) betrachtet. Vor allem in *The Rhetoric of Religion* deutet Burke Mythen als in Geschichten verwandelte Metaphysik. Mythen drücken symbolisch und in zeitlichen Kategorien das aus, was primitive Menschen wörtlich nicht ausdrücken können, nämlich metaphysische Kategorien. In Burkes berühmter Formulierung ist der Mythos die »Verzeitlichung der Essenz« (»temporizing of essence«). So setzt beispielsweise die erste Schöpfungsgeschichte im Buch Genesis die sechs Tage als Form ein, während es eigentlich darum geht, die Welt in sechs Kategorien zu unterteilen: »Und so sagen wir nicht: ›Damit wäre die erste grobe Einteilung oder Klassifizierung unseres Gegenstands abgeschlossen‹, sondern: ›Da ward aus Abend und Morgen der erste Tag.‹« (Burke, *The Rhetoric of Religion*, S. 202)

Während Mythen für Burke letztlich Ausdruck überzeitlicher Wahrheiten sind, bringen sie diese doch in Form von Geschichten zum Ausdruck. So ist selbst dann, wenn man die Bedeutung notwendigerweise aus der Form herausschälen muss, die Geschichte doch das, was den Mythos zum Mythos macht. An dieser Stelle deckt sich Burke mit Lévi-Strauss, dessen Theorie des Mythos als Geschichte wir im siebten Kapitel betrachten werden. Das, was Burke »Essenz« nennt, nennt Lévi-Strauss »Struktur«.

Mythische Muster

In ihrer Gesamtheit sind Mythen viel zu unterschiedlich, als dass sie eine grundlegende Handlungsstruktur teilen könnten, doch für bestimmte Untergruppen, insbesondere Heldenmythen, wurden bereits häufig Handlungsstrukturen ausgemacht. Andere Mythengruppen, beispielsweise

Schöpfungsmythen, Sintflutmythen, Mythen vom Paradies oder von der Zukunft, haben sich als zu unterschiedlich erwiesen, um mehr als nur grobe Gemeinsamkeiten aufzuweisen. Tylor erläutert in dieser Hinsicht nur, dass Mythen davon erzählen, wie ein Gott sich dazu entschließt, ein Naturereignis auszulösen, nicht jedoch, welche Eigenschaften dieser Gott besitzt oder wie er handelt. Und Frazer, der sich auf die Götter der Pflanzenwelt konzentriert, beobachtet nur, dass sie alle sterben und wiederauferstehen, jedoch nicht, wie das eine oder das andere zustande kommt.

Doch im Jahr 1871 beobachtete derselbe Tylor, als er sich ebenso kurz wie überraschend von den Götter- den Heldenmythen zuwendete, dass in vielen dieser Mythen der Protagonist nach der Geburt ausgesetzt, von anderen Menschen oder Tieren gerettet wird und dann zum Helden heranwächst. Tylor wollte damit nur ein häufig auftretendes Muster nachweisen und hatte keineswegs vor, seine Theorie von Ursprung, Funktion und Thematik des Mythos im Allgemeinen auf Heldenmythen anzuwenden. Dennoch zieht er dieses einheitliche Muster als Beleg für die Behauptung heran, dass Ursprung, Funktion und Thematik, unabhängig von ihrer tatsächlichen Ausprägung, für alle Heldenmythen gleich sein müssten, um diese Ähnlichkeit in der Handlungsstruktur zu erklären: »Betrachtet man ähnliche Mythen aus unterschiedlichen Regionen und ordnet sie zu größeren Vergleichsgruppen an, so wird es möglich, in der Mythologie imaginative Prozesse nachzuweisen, die mit der offensichtlichen Regelmäßigkeit geistiger Gesetze wiederkehren« (Tylor, *Primitive Culture*, Bd. 1, S. 282).

Während Frye den Mythos der ungebremsten Vorstellungskraft zuschreibt, entspringt er bei Tylor einer strengen, kognitiven Zwängen unterworfenen Vorstellungskraft – die heutige kognitive Psychologie wirft ihre Schatten voraus.

Im Jahr 1876 listete der österreichische Gelehrte Johann Georg von Hahn 14 Fälle auf, um zu belegen, dass alle »arischen« Heldengeschichten einer Formel des Ausgesetztwerdens und Zurückkehrens folgen, die sehr viel prägnanter ist als die von Tylor. In allen Fällen kommt der Held außerehelich zur Welt, wird aus Angst vor einer Prophezeiung seiner späteren Macht von seinem Vater ausgesetzt, von Tieren gerettet und von einem einfachen Ehepaar großgezogen, kämpft, kehrt siegreich nach Hause zurück, überwältigt seine Verfolger, befreit seine Mutter, wird König, gründet eine Stadt und stirbt jung. Obwohl er sich eigentlich mit der Mythologie der Sonnenanbetung befasst, versucht von Hahn nur, ähnlich wie Tylor ein Muster für Heldenmythen zu etablieren. Hätte er die Geschichten noch genauer theoretisch untersucht, hätte seine Theorie sich auf Gemeinsamkeiten in der Handlungsstruktur stützen müssen.

Auf ganz ähnliche Weise versuchte 1928 der russische Folklorist Vladimir Propp zu zeigen, dass russische Märchen eine gemeinsame Handlungsstruktur aufweisen, nach der sich der Held aufmacht, um erfolgreich ein Abenteuer zu bestehen, bei seiner Rückkehr dann heiratet und den Thron erringt. Propps Muster spart sowohl die Geburt als auch den Tod des Helden aus. Obwohl Marxist, hat Propp hier, in seiner frühen, formalistischen Phase, nichts anderes als Tylor und von Hahn im Sinn: Er versucht, ein Muster für Heldengeschichten aufzuzeigen. Doch wiederum hätte sich jede weitere theoretische Bemühung auf die Gemeinsamkeiten in der Handlung berufen müssen.

Unter den Gelehrten, die sich mit den nachweisbaren Mustern in Heldenmythen theoretisch beschäftigt haben, waren die wichtigsten Vertreter der Wiener Psychoanalytiker Otto Rank (1884–1939), der amerikanische Mythograph Joseph Campbell (1904–1987) und der englische Folklorist Lord Raglan (1885–1964). Rank brach später unwiderruflich mit Freud, doch während der Entstehungszeit seines Werks *Der Mythus von der Geburt des Helden* war er dessen treuer Schüler. Obwohl Campbell nie ganz zum Jungianer wurde, weist sein Werk *Der Heros in tausend Gestalten* (*The Hero with a Thousand Faces*) ihn doch als Seelenverwandten C. G. Jungs aus. Und Raglan schließlich verfasste sein Buch *The Hero* im Geiste Frazers. Die Werke von Rank und Campbell kommen detailliert im nächsten Kapitel zur Sprache, in dem es um Mythos und Psychologie geht. Betrachten wir hier Raglan, um die zentrale Stellung der Handlung zu veranschaulichen.

Lord Raglan

Raglan beruft sich auf Frazers zweite mythisch-rituelle Version und wendet diese Version auf Heldenmythen an. Während Frazer den König mit dem Gott der Pflanzenwelt gleichsetzt, identifiziert ihn Raglan mit dem Helden. Bei Frazer mag die Bereitschaft des Königs, für sein Volk zu sterben, zwar heroisch anmuten, doch Raglan betrachtet diesen König ganz ausdrücklich als Helden. Frazer zeigt für den Mythos um den Gott ein einfaches Muster auf: Der Gott stirbt und wird wiedergeboren. Raglan hingegen arbeitet für den Heldenmythos ein detailliertes, 22-stufiges Muster aus, das er in der Folge auf 21 Mythen anwendet. Doch damit nicht genug: Er verbindet den Mythos auch mit dem Ritual. Erinnern wir uns, dass das ausagierte Ritual in Frazers zweitem Szenario nicht den Mythos von Tod und Auferstehung des Gottes darstellt, sondern schlicht und einfach den Übergang der Seele des Gottes von einem König auf den anderen. Im Grunde ist dabei gar kein Mythos mehr im Spiel. Indem Raglan nicht das Erringen des Throns, sondern seinen Verlust zum Kernstück des Heldenmythos erhebt, führt er ihn mit dem Frazer'schen Ritual zur Beseitigung des Königs zusammen. Der König des Mythos, der den Thron und im Anschluss auch das Leben einbüßt, entspricht dem König des Rituals, der beides zugleich verliert. Dabei handelt der Mythos, den Raglan mit dem Ritual verknüpft, nicht von einem Gott, sondern von einem Helden, also von einer legendären Gestalt, deren Selbstlosigkeit echte Könige nacheifern müssen. Streng genommen ist der Mythos also nicht so sehr ein ›Drehbuch‹ für das Ritual, wie es Frazers erstes mythisch-rituelles Szenario nahelegt, sondern dient als Inspiration für das Ritual.

1. Die Mutter des Helden ist eine Jungfrau von königlichem Blut.
2. Sein Vater ist König und
3. häufig ein naher Verwandter der Mutter, doch
4. die Umstände seiner Zeugung sind stets ungewöhnlich, sodass
5. er zugleich als Sohn eines Gottes gelten kann.
6. Bei der Geburt des Helden wird der Versuch unternommen, ihn zu töten, in der Regel von seinem Vater oder seinem Großvater mütterlicherseits, doch
7. er wird heimlich gerettet und
8. von Pflegeeltern in einem fernen Land großgezogen.
9. Wir erfahren nichts von seiner Kindheit, doch
10. sobald er herangewachsen ist, kehrt er in sein künftiges Königreich zurück oder begibt sich erstmals dorthin.
11. Nach seinem Sieg über den König und/oder einen Riesen, einen Drachen oder sonst ein wildes Tier
12. heiratet er eine Prinzessin, häufig die Tochter seines Vorgängers, und
13. wird König.
14. Eine Zeit lang regiert er ohne Zwischenfälle und

15. erlässt neue Gesetze, doch
16. dann fällt er bei den Göttern und/oder seinen Untertanen in Ungnade und
17. wird vom Thron und aus der Stadt vertrieben, worauf er
18. eines rätselhaften Todes stirbt,
19. häufig auf der Kuppe eines Berges.
20. Seine Kinder, so er welche hat, folgen ihm nicht nach.
21. Seine Leiche wird nicht beigesetzt, dennoch
22. hat er eine oder gar mehrere geheiligte Grabstätten.

Raglans Schema für Heldenmythen aus: *The Hero*

Anders als die Muster von Tylor und Propp oder auch, wie wir noch sehen werden, die von Rank und Campbell, deckt Raglans Muster wie von Hahns das ganze Leben des Helden ab. Raglan setzt den Helden des Mythos mit dem Gott des Rituals gleich. Zunächst einmal verbindet der König den Helden mit dem Gott: Helden sind Könige, Könige Götter. Zweitens sind mehrere Ereignisse im Leben des Helden von übermenschlicher Natur, vor allem die Punkte 5 und 11. Sicherlich, der Held muss am Ende sterben, doch sein Tod zieht eine gottähnliche Leistung nach sich, nämlich die Wiederbelebung der Pflanzenwelt. Und schließlich sichert sowohl im Mythos als auch im Ritual die Beseitigung des Königs das Überleben der Volksgemeinschaft, die andernfalls verhungern würde. Sowohl im Mythos als auch im Ritual ist der König also der Retter.

Zweifellos würde Raglan selbst niemals erwarten, dass Adonis in dieses Muster passt. Während die Punkte 1 bis 4 noch ohne Weiteres zutreffen, gehen die meisten anderen doch ins Leere. So wird zwar ein Mordversuch auf

Abb. 9. Der Herzog und die Herzogin von
Windsor an ihrem Hochzeitstag im Juni 1937,
nach der Abdankung von Edward.

Adonis' Mutter unternommen, aber kein Anschlag auf
Adonis selbst, zumindest nicht zu Beginn seines Lebens
(Punkt 6). Man könnte natürlich behaupten, dass Adonis
von Pflegeeltern – Aphrodite und Persephone – aufgezo-
gen wird, durchaus auch in einem fernen Land (Punkt 8),
doch nicht deshalb, weil er heimlich gerettet worden wäre
(Punkt 7). Vor allem aber wird Adonis niemals König und
hat daher auch gar keinen Thron zu verlieren. Dagegen
verliert er sein Leben, wenngleich nicht als amtierender
König oder auch nur als aktives Mitglied einer Gesell-

schaft. Von allen von Raglan gewählten Beispielen passt
der Ödipus-Mythos wohl am besten. Ein biblischer Held,
der ebenfalls sehr gut passen würde, wäre König Saulus.
Anders als Frazer ist Raglan allerdings zu bescheiden, um
den Fall Jesus heranzuziehen. Als modernes Beispiel wäre
König Edward VIII. von England zu nennen, dessen Abdankung sein Leben prägte.

Festzuhalten ist vor allem die zentrale Stellung, die die
Handlung in Raglans Theorie einnimmt. Raglan zieht deren Gleichförmigkeit als Beleg dafür heran, dass die Bedeutung von Heldenmythen in ebendieser gemeinsamen
Handlung liegt, dass der Verlust des Throns dabei im Zentrum steht und dass nur ein begleitendes Königsmord-
ritual dem allen Mythen gemeinsamen Fokus auf den
Sturz des Königs Sinn verleiht. Raglans Theorie des Mythisch-Rituellen macht die Handlung nicht nur zur
Grundlage des Rituals, sondern erklärt das Ritual aus der
Handlung.

Mythos und Psychologie

Jede wissenschaftliche Disziplin bietet zahllose Theorien, die zur Erforschung des Mythos beigetragen haben. In der Psychologie beherrschen vor allem zwei Ansätze das Feld: die Theorie des Wiener Arztes Sigmund Freud (1856–1939) und die des Schweizer Psychiaters C. G. Jung (1875–1961).

Sigmund Freud

Obwohl Freud in all seinen Werken Mythen analysiert, findet sich die grundlegende Auseinandersetzung mit dem wichtigsten, dem Ödipus-Mythos, passenderweise in der *Traumdeutung*, denn sowohl er als auch Jung setzen Mythen mit Träumen gleich.

> »Wenn der König Ödipus den modernen Menschen nicht minder zu erschüttern weiß als den zeitgenössischen Griechen, so kann die Lösung wohl nur darin liegen, daß die Wirkung der griechischen Tragödie nicht auf dem Gegensatz zwischen Schicksal und [freiem] Menschenwillen ruht, sondern in der Besonderheit des Stoffes zu suchen ist, an welchem dieser Gegensatz erwiesen wird. Es muß eine Stimme [etwas latent Vorhandenes] in unserem Innern geben, welche die zwingende Gewalt des Schicksals im Ödipus anzuerkennen bereit ist [...]. Sein [des Ödipus] Schicksal ergreift uns nur darum, weil es auch das unsrige hätte werden können, weil das Orakel vor unserer Geburt denselben Fluch über uns verhängt hat wie über ihn. [...] [U]nsere Träume überzeugen uns davon. König Ödipus, der seinen

Abb. 10. Sigmund Freud.

Vater Laïos erschlagen und seine Mutter Jokaste geheiratet hat, ist nur die Wunscherfüllung unserer Kindheit. Aber glücklicher als er, ist es uns seitdem, insofern
wir nicht Psychoneurotiker geworden sind, gelungen,
unsere sexuellen Regungen von unseren Müttern abzu-
lösen, unsere Eifersucht gegen unsere Väter zu vergessen.« (Freud, *Die Traumdeutung*, V, S. 269 f.)

Auf der oberflächlichen oder der manifesten Ebene erzählt die Geschichte von Ödipus von einer Figur, die versucht, einem Schicksal zu entgehen, das ihr auferlegt wurde. Auf der Ebene des Latenten jedoch will Ödipus genau

das, was er auf manifester Ebene am meisten zu vermeiden sucht: Er will seinen »Ödipus-Komplex« ausleben. Die manifeste oder wörtliche Ebene des Mythos verbirgt seine latente, symbolische Bedeutung. Auf manifester Ebene ist Ödipus das unschuldige Opfer des Schicksals. Auf latenter Ebene ist er der Schuldige. Richtig gedeutet schildert der Mythos also keineswegs das Scheitern des Ödipus bei dem Versuch, seinem unausweichlichen Schicksal zu entgehen, sondern seinen Erfolg bei der Befriedigung seiner verborgensten Wünsche.

Und doch endet die latente Bedeutungsebene damit noch nicht. Denn letztendlich handelt der Mythos überhaupt nicht von Ödipus. So wie die manifeste Ebene, auf der Ödipus das Opfer ist, eine latente Ebene verbirgt, auf der er zum Täter wird, verbirgt diese wiederum eine noch latentere Ebene, auf der der eigentliche Täter der Urheber des Mythos und mit ihm jeder Leser ein solcher Urheber ist, der sich von dem Mythos fesseln lässt. Auf dieser Ebene handelt der Mythos von der Befriedigung des Ödipus-Komplexes im männlichen Urheber oder Leser, der sich mit Ödipus identifiziert und durch ihn seinen eigenen Ödipus-Komplex befriedigt. In seinem Kern ist der Mythos also nicht Biographie, sondern Autobiographie.

In wem also liegt der Ödipus-Komplex verborgen? In gewisser Weise in allen erwachsenen Männern, von denen keiner dem in der Kindheit zuerst auftauchenden Begehren völlig entwachsen ist. Vor allem aber findet sich der Komplex bei neurotischen erwachsenen Männern, die in ihrer ödipalen Phase verharren oder auf sie fixiert sind. Sie können ihr Begehren aus ganz unterschiedlichen Gründen nicht direkt befriedigen. Ihre Eltern sind vielleicht nicht mehr am Leben oder wirken, wenn sie noch am Leben sind, doch nicht mehr so beängstigend respektive anziehend auf sie. Zudem würden nicht einmal die nachsichtigsten Eltern einem solchen Ansinnen ihrer Kinder zustimmen. Ein Sohn, der mit solchem Erfolg hätte, würde mit größter

Wahrscheinlichkeit erwischt und bestraft werden. Und das Schuldgefühl angesichts des Mordes an einem Vater, den man ebenso sehr liebt wie hasst, und des Wissens, sich der widerstrebenden Mutter aufgezwungen zu haben, wäre unerträglich. Doch das größte Hindernis im Ausagieren des Komplexes ist ein sehr viel grundlegenderes: Man weiß gar nicht, dass dieser Komplex existiert. Er wurde verdrängt.

Unter diesen Umständen bietet der Mythos die ideale Form der Befriedigung. Natürlich verbergen die äußeren Schichten seine wahre Bedeutung und verhindern so zunächst die Befriedigung, doch zugleich enthüllen sie diese wahre Bedeutung auch und verschaffen auf diese Weise Befriedigung. Schließlich bringt Ödipus auch auf der wörtlichen Ebene seinen Vater um und schläft mit seiner Mutter – er tut es nur völlig unabsichtlich. Und wenn nun auf der nächsten Ebene Ödipus und nicht der Urheber des Mythos oder der Leser absichtsvoll handelt, so bleibt die Tat dennoch absichtsvoll. Die jeweils nächste Ebene enthüllt daher teilweise die unter ihr liegende Bedeutung, die sie zugleich teilweise verhüllt. Die wahre Bedeutung liegt stets auf der tieferen Ebene, wird jedoch immer schon von der darüberliegenden übermittelt. Indem sie sich mit Ödipus identifizieren, erreichen neurotische Männer eine teilweise Befriedigung ihres eigenen, verborgenen ödipalen Begehrens, ohne sich dieses Begehren jedoch bewusst zu machen. So stellt der Mythos einen Kompromiss dar zwischen dem Teil, der das Begehren direkt befriedigen will, und dem, der nicht einmal wahrhaben will, dass es überhaupt existiert. Für Freud funktioniert der Mythos *durch* seine Bedeutung: Er baut ödipales Begehren ab, indem er eine Geschichte präsentiert, in der dieses Begehren symbolisch ausagiert wird.

So entsprechen Mythen auf äußerst vielfältige Weise den Träumen, die, wie die Wissenschaft für Tylor und Frazer, Freud und Jung als Modell für ihre Mythenanalyse dienen. Natürlich gibt es Unterschiede zwischen Mythen und Träumen. Träume sind privat, Mythen öffentlich. Und während Freud die Mythen auf Neurotiker beschränkt, sind Träume universell. Doch sowohl für Freud als auch für Jung sind die Ähnlichkeiten bezeichnender als die Unterschiede.

Otto Rank

Karl Abrahams *Traum und Mythus* und Otto Ranks *Der Mythus von der Geburt des Helden* sind klassische Mythenanalysen in der Tradition Freuds. Sowohl Abraham als auch Rank folgen dem Meister darin, dass sie Mythen mit Träumen vergleichen – der Titel von Abrahams Buch sagt diesbezüglich alles. Beide betrachten Träume als verborgene, symbolische Befriedigung verdrängter und überbordend ödipaler Wünsche, die im erwachsenen Mythenurheber oder Leser nachwirken. Doch Rank bezieht sich auf eine größere Anzahl Mythen, ist detaillierter in seiner Analyse und präsentiert vor allem eine gemeinsame Handlungsstruktur, ein gemeinsames Handlungsmuster für die Kategorie der Heldenmythen, speziell derer mit männlichen Helden. Freudianer analysieren nicht nur Heldenmythen, sondern jede Art von Mythos, verwandeln allerdings häufig auch andere Mythen in Heldenmythen. So gelten bei Rank unter anderem schon Geburt und Überleben als Heldentaten. Selbst Schöpfungsmythen werden als Umsetzungen der Großtat gedeutet, die Welt zu gebären, gleichgültig, ob diese Großtat nun von einem Mann oder einer Frau vollbracht wurde.

Für Rank in der Nachfolge Freuds beschränkt sich das Heldentum auf das, was in jungianischer Terminologie als »erste Lebenshälfte« bezeichnet wird. Die erste Hälfte des Lebens – Geburt, Kindheit, Jugend und erste Erwachsenenjahre – ist der Etablierung des eigenen Ichs als unabhängige Person in der äußeren Welt gewidmet. Konkret äußert sich das Erreichen der Unabhängigkeit im Aufnehmen einer Arbeit und Finden eines Lebenspartners. Beides erfordert eine Trennung von den Eltern sowie die Fähigkeit, die eigenen Triebe zu beherrschen. Unabhängigkeit von den Eltern bedeutet dabei nicht, die Eltern abzulehnen, sondern schlicht, sich selbst zu genügen. Entsprechend bedeutet die Unabhängigkeit von den Trieben auch nicht, sie zu leugnen, sondern Kontrolle über sie zu gewinnen. Wenn Freud sagt, die Voraussetzung des Glücks sei die Fähigkeit zu arbeiten und zu lieben, bezieht er sich damit ganz eindeutig auf die Ziele der ersten Lebenshälfte, die für ihn Gültigkeit für das ganze Leben besitzen. Nach Freud entstehen Probleme stets aus einer fortgesetzten Bindung an die Eltern oder auch an die Triebe. Ist man zur Befriedigung seiner Triebe von den Eltern abhängig oder befriedigt man seine Triebe auf unsoziale Weise, so verharrt man in einer kindischen Phase der psychischen Entwicklung, bleibt auf diese fixiert.

Ranks Muster, das er auf mehr als dreißig Heldenmythen anwendet, fällt in den Bereich der ersten Lebenshälfte. In grober Entsprechung des Musters von Johann Georg von Hahn, das im fünften Kapitel erwähnt wurde und Rank offenbar nicht bekannt war, reicht sein Muster von der Geburt des Helden bis zum Beginn seiner »Karriere«.

Die *Durchschnittssage* selbst könnte man schematisch etwa so formulieren.

Der Held ist das Kind *vornehmster Eltern*, meist ein Königssohn. Seiner Entstehung gehen Schwierigkeiten voraus, wie Enthaltsamkeit oder lange Unfruchtbarkeit oder heimlicher Verkehr der Eltern infolge äußerer Verbote oder Hindernisse. Während der Schwangerschaft oder schon früher erfolgt eine vor seiner Geburt warnende *Verkündigung* (Traum, Orakel), die meist dem Vater Gefahr androht.

Infolgedessen wird das neugeborne Kind, meist auf Veranlassung des *Vaters oder der ihn vertretenden Person*, zur Tötung oder Aussetzung bestimmt; in der Regel wird es in einem Kästchen dem Wasser übergeben.

Es wird dann von *Tieren oder geringen Leuten (Hirten) gerettet und von einem weiblichen Tiere oder einem geringen Weibe* gesäugt.

Herangewachsen, findet es auf einem sehr wechselvollen Wege die vornehmen Eltern wieder, *rächt sich am Vater* einerseits, *wird anerkannt* anderseits und gelangt zu Größe und Ruhm.

Ranks Muster für Heldenmythen aus: *Der Mythus von der Geburt des Helden* (Nachdr. 2000), S. 77

Auf wörtlicher oder bewusst bzw. offen verstandener Ebene ist der Held, wie Ödipus, eine historische oder auch legendäre Gestalt. Er wird zum Helden, weil er aus dem Nichts kommend in der Regel den Thron besteigt. Auf der wörtlichen Ebene ist er das unschuldige Opfer seiner Eltern oder auch des Schicksals. Obwohl die Eltern sich sehr nach einem Kind gesehnt haben und ihn nur opfern, um den Vater zu retten, treffen sie nichtsdestotrotz die Entscheidung, dieses Opfer zu bringen. Die Rache des Helden ist also durchaus verständlich, selbst dann, wenn der Vatermord in vollem Bewusstsein erfolgt: Wer würde nicht seinen Mörder töten wollen?

Auf symbolischer oder unbewusster Ebene wird der Held nicht zum Helden, weil er es wagt, den Thron zu erringen, sondern weil er es wagt, seinen Vater zu töten. Der Mord ist ganz und gar vorsätzlich, und das Motiv ist nicht Rache, sondern sexuelle Frustration. Der Vater hat sich geweigert, dem Sohn seine Frau, das eigentliche Objekt der Bemühungen des Sohnes, abzutreten: »[...] in der Regel ist

auch die tiefste – meist unbewußte – Wurzel der Abnei-
gung des Sohnes gegen den Vater oder zweier Brüder ge-
geneinander in dem Konkurrenzverhältnis um die zärtli-
che Aufmerksamkeit und Liebe der Mutter zu suchen.«
(Rank, *Der Mythus von der Geburt des Helden*, S. 110)

Die wahre Bedeutung des Heldenmythos ist zu grauen-
voll, um sie anzuerkennen. Aus diesem Grunde wird sie
unter einer erdachten Geschichte verborgen, die den Vater,
nicht den Sohn, zum Schuldigen macht. Das Muster ist
schlicht »[...] gleichsam die Entschuldigung für die feindseligen Gefühle, die das Kind gegen den Vater hegt und
die es in dieser Dichtung auf den Vater projiziert.« (Rank,
Der Mythus von der Geburt des Helden, S. 84)

Das Ziel des Helden, der Inzest, wird als Streben nach
Macht maskiert. Vor allem aber ist dieser Held jemand
Drittes – der benannte Held des Mythos nämlich – und
nicht der Urheber des Mythos oder einer der Menschen,
die sich von ihm ergreifen lassen. Indem er sich mit dem
benannten Helden identifiziert, kann der Urheber oder
Leser des Mythos indirekt dessen Triumphe auskosten,
die in Wahrheit seine eigenen sind. *Er* ist der wahre Held
des Mythos.

Auf wörtlicher Ebene gipfelt der Mythos darin, dass der
Held den Thron erringt. Auf symbolischer Ebene erringt
er zusätzlich noch eine Gefährtin. Man könnte daraus
schließen, dass der Mythos ein angemessener Ausdruck
des Ziels der ersten Lebenshälfte in der Sichtweise Freuds
ist. In Wahrheit jedoch gilt das genaue Gegenteil: Das erfüllte Begehren führt nicht zur Lösung von den Eltern
und den eigenen unsozialen Trieben, sondern im Gegenteil zur intensivsten möglichen Beziehung zu den Eltern
und den unsozialsten Trieben, nämlich Vatermord und Inzest, sogar Vergewaltigung. Die Stellung des Vaters und
die Hand der Mutter zu erringen, kann nicht unbedingt
als Zeichen der Unabhängigkeit von den Eltern gewertet
werden.

Der Urheber oder Leser des Mythos ist erwachsen, doch das Begehren, das im Mythos Ausdruck findet, ist das eines Kindes von drei bis fünf Jahren: »Der Erwachsene schafft also die Mythen mittels des Zurückphantasierens in die Kindheit, wobei er seine eigene Kindergeschichte dem Helden zuschreibt.« (Rank, *Der Mythus von der Geburt des Helden*, S. 132)

Die Fantasie befriedigt das ödipale Begehren, den Vater zu töten, um unbegrenzten Zugang zur Mutter zu erhalten. Der Mythos löst ein Begehren ein, dem der Erwachsene, der den Mythos ersinnt oder für seine Zwecke einsetzt, nie ganz entwachsen ist. Psychisch gesehen bleibt dieser Erwachsene ewig Kind. Da er sein Ego nie so weit entwickelt hat, dass es stark genug wäre, seine Triebe zu kontrollieren, ist er neurotisch: »Bloß eine Klasse von Menschen, die sogenannten Psychoneurotiker, die, wie uns die Forschungen Freuds gelehrt haben, gleichsam in gewissem Sinne Kinder geblieben sind, wenn sie sich auch sonst als Erwachsene präsentieren, haben ihr kindliches Seelenleben sozusagen nicht aufgegeben« (Rank, *Der Mythus von der Geburt des Helden*, S. 79).

Da kein Kind in der Lage ist, seinen Vater zu überwältigen, versetzt sich der Urheber des Mythos in einen imaginativen Zustand, in dem er alt genug dazu ist, dies auszuführen. Kurz gesagt: Der Mythos ist keineswegs Ausdruck der Ziele für die erste Lebenshälfte im Sinne Freuds, sondern ist Ausdruck der Fixierung auf das Kindheitsziel, das den Einzelnen gerade vom Erreichen der anderen Ziele abhält.

Selbstverständlich erfolgt die Befriedigung des ödipalen Begehrens nicht wörtlich, sondern symbolisch, nicht offen, sondern verdeckt, nicht bewusst, sondern unbewusst, nicht physisch, sondern psychisch und nicht direkt, sondern indirekt. Indem er sich mit dem genannten Helden identifiziert, begeht der Schöpfer oder Leser des Mythos in seiner Vorstellung Taten, die er im wahren Leben niemals zu tun wagen würde. Selbst die ödipalen Taten des *namentlich* genannten Mythenhelden werden verschleiert, denn das heroische Muster kommt auf oder zumindest nahe der manifesten Ebene zum Tragen, nicht aber auf der latenten. Dennoch verschafft der Mythos eine gewisse Befriedigung – angesichts des Konflikts zwischen den Trieben und den Moralvorstellungen des Neurotikers sogar die bestmögliche. Rank stellt dem Neurotiker, der seine Triebe verdrängt und daher ein indirektes Ventil für diese benötigt, den »Perversen« gegenüber, der all seine Triebe auslebt und daher vermutlich keine Verwendung für halbe Sachen wie Mythen hat.

Jacob Arlow

Die breiter akzeptierte Psychoanalyse hat sich seit Ranks *Mythus von der Geburt des Helden* grundlegend verändert. Vor allem aufgrund der Entwicklungen in der Ich-Psychologie, die den Bereich der Psychoanalyse von abnormen auch auf normale Persönlichkeitsstrukturen ausdehnt, betrachten zeitgenössische Psychoanalytiker wie der Amerikaner Jacob Arlow (1912–2004) Mythen nicht mehr so sehr als Fortsetzung von Neurosen, sondern als Beitrag zur normalen Entwicklung. Nach ihrer Auffassung unterstützen Mythen den Prozess des Erwachsenwerdens, anstatt, wie bei Peter Pan, ein Verharren in der Kindheit zu befördern. Mythen begünstigen die Anpassung an die gesellschaftliche und die physische Welt und dienen nicht der kindischen Weltflucht. Natürlich genügen sie teilweise immer noch der Wunscherfüllung des Es – jenes Teils des Bewusstseins, dem die instinktiven Triebe entstammen –, doch sie begünstigen noch viel mehr die Funktionen des Ichs, nämlich Verteidigung und Anpassung, sowie die des Über-Ichs, nämlich Verzicht. Darüber hinaus sind Mythen modernen Freudianern zufolge für alle da, nicht nur für die Neurotiker. Insgesamt beurteilen die modernen Nachfolger Freuds den Mythos also positiv, nicht mehr, wie die klassischen Freudianer, negativ. Um Arlow zu zitieren:

> »Die Psychoanalyse hat einen größeren Beitrag zu den mythologischen Studien zu leisten, als [einfach nur] verschiedene Begehren im Mythos nachzuweisen, wie man sie häufig im unbewussten Denken der Patienten antrifft. Der Mythos ist eine ganz besondere gemeinschaftliche Erfahrung. Er ist eine spezielle Form geteilter Fantasien und dient dazu, das Individuum auf der Grundlage bestimmter von mehreren geteilter Bedürfnisse mit anderen Mitgliedern seiner kulturellen Gruppierung in Kontakt zu bringen. Entsprechend kann man den Mythos aus der Perspektive seiner Funktion bei der psychischen Integration untersuchen: Welche Rolle spielt er beim Abwehren von Schuld- und Angstgefühlen, inwieweit stellt er eine Form der Anpassung an die Realität dar sowie an die Gruppe, in der das Individuum lebt, und inwieweit beeinflusst er die Kristallisierung der individuellen Identität und die Herausbildung des Über-Ichs?« (Arlow, »Ego Psychology and the Study of Mythology«, S. 375)

Während für klassische Freudianer Mythen wie Träume sind, bestehen für die modernen Vertreter grundsätzliche Unterschiede. Träume sind nach wie vor dazu da, ein Begehren zu befriedigen. Mythen hingegen dienen dazu, dieses Begehren entweder zu verdrängen oder zu sublimieren. Für klassische Freudianer sind Mythen ganz einfach öffentliche Träume. Für die modernen Vertreter dienen sie, gerade aus dem Grunde, weil sie öffentlich sind, der Sozialisierung.

Bruno Bettelheim

In seinem Bestseller *Kinder brauchen Märchen* (*The Uses of Enchantment*) vertritt der bekannte Freudianer und Analytiker Bruno Bettelheim (1903–1990), ein gebürtiger Wiener, der schließlich in die USA emigrierte, im Grunde dieselben Ansichten wie Arlow, bezieht sie jedoch auf Märchen und ausdrücklich nicht auf Mythen, die er sonderbarerweise von den Märchen absetzt und auf klassisch freudianische Weise interpretiert. Klassische Freudianer betrachten Mythen und Märchen gern als miteinander verwandt, genau wie Mythen und Träume. Eine Opposition zwischen Mythos und Märchen etablieren erst die modernen Freudianer. Dabei ziehen sie allerdings in der Regel den Mythos dem Märchen vor, da sie Mythen als im Dienst des Ichs und des Über-Ichs, Märchen hingegen im Dienst des Es stehend betrachten. Im Hinblick auf die Gleichsetzung von Mythen und Märchen bildete der ungarische Anthropologe Géza Róheim (1891–1953) die große Ausnahme unter den klassischen Freudianern, da er einen Gegensatz zwischen Mythen und Märchen bzw. Volkserzählungen behauptete und damit Arlow bereits vorwegnahm.

Bettelheim schlägt die entgegengesetzte Richtung ein. Er betrachtet Mythen eindeutig nicht als Wunscherfüllung. Zwar klingt in seiner Argumentation Arlow an, wenn er erklärt: »Der typische Mythos behandelt Über-Ich-Forderungen im Konflikt mit Es-motivierter Handlung und mit dem Selbsterhaltungstrieb des Ich.« (Bettelheim, *Kinder brauchen Märchen*, S. 47) Doch anders als für Arlow bleibt das mythische Über-Ich in Bettelheims Augen so unnachgiebig, dass die Reife, die es befürwortet, letztlich unerreichbar bleibt. Märchen sprechen sich ebenso für Reife aus wie Mythen, gehen dabei jedoch sanfter vor und haben daher genau den Erfolg, der den Mythen verwehrt bleibt. Im Mythos haben die Helden, die häufig Götter sind, nur deshalb Erfolg, weil sie außergewöhnlich sind. Die Helden der

Märchen sind demgegenüber ganz normale Menschen, deren Erfolg zur Nachahmung anregt. Kurz zusammengefasst kann man sagen, dass Mythen für Bettelheim psychisches Wachstum eher behindern, während Märchen es befördern.

Alan Dundes

Doch nicht alle heutigen Freudianer lehnen den klassischen mythentheoretischen Ansatz ab. Der herausragende amerikanische Folklorist Alan Dundes (geb. 1934) bleibt geradezu trotzig altmodisch. Für ihn erfüllen Mythen verdrängte Wünsche, anstatt den Verzicht auf sie zu befördern oder sie zu veredeln bzw. zu sublimieren. In Dundes' eigenen Worten:

> »Die Inhalte von Volkserzählungen [...] sind meistens unbewusster Natur. Daher repräsentieren sie auch größtenteils das Es, nicht das Ich. So betrachtet kann die Ich-Psychologie unmöglich Aufschluss über die Inhalte von Volkserzählungen geben.« (Dundes, *Parsing Through Customs*, S. xiii)

Dundes erfreut sich sichtlich daran, die verborgenen, unsozialen Wünsche aufzuzeigen, die im Mythos Ausdruck finden – Wünsche, die ebenso häufig anal wie ödipal und ebenso häufig homo- wie heterosexuell und manchmal sogar völlig asexuell sind.

Rank nach Freud

Obwohl Freud durchaus einräumt, dass der Akt der Geburt die erste Erfahrung von Todesangst darstelle und damit Quelle und Prototyp des Angstaffekts überhaupt sei, war er doch nie bereit, die Geburt als hauptsächliche, geschweige denn einzige Quelle von Angst und Neurosen anzuerkennen. Er weigerte sich, den Ödipuskomplex, der sein Zentrum im Vater hat, dem Geburtstrauma unterzuordnen, dessen Zentrum notwendigerweise die Mutter ist. Für Rank, der sich im Zusammenhang dieser Diskussion mit Freud überwarf, ist die Angst des Säuglings bei der Geburt die Quelle aller späteren Ängste. Der Konflikt mit dem Vater bleibt Bestandteil der Theorie, er entsteht jedoch deshalb, weil der Vater verhindert, dass der Sohn in den Mutterleib zurückkehren kann, und nicht so sehr deshalb, weil er dem ödipalen Begehren des Sohnes im Wege stünde. Die Angst vor dem Vater ist eine Verschiebung der Angst vor der Mutter, die ihren Sohn zudem auch noch verlassen, aber keineswegs kastriert hat. Entsprechend stellt auch ein auf die Mutter gerichtetes sexuelles Begehren nur einen Weg dar, in den Mutterleib zurückzukehren, und nicht einen Versuch, ödipale Befriedigung zu erfahren.

In Ranks *Mythus von der Geburt des Helden* offenbart sich bereits die Kluft zwischen seiner späteren, post-freudianischen Konzentration auf die Geburt des Helden und seiner ursprünglichen, freudianischen Konzentration auf dessen Taten. Während der Titel offensichtlich die Geburt betont, ordnet die Struktur des Buches die Geburt den Taten unter: Die Geburt spielt nicht aus dem Grunde eine maßgebliche Rolle, weil sie die Trennung des Helden von der Mutter bedeutet, sondern weil die Eltern bereits bei der Geburt versuchen, die ihnen prophezeiten Konsequenzen des Vatermords abzuwenden. Rank hält zwar fest, dass die Geburt des Sohnes damit eine Auflehnung gegen die Eltern darstellt, doch sind es immer noch die Eltern, die die Geburt ihres Sohnes verhindern wollen, und nicht der Sohn, der seine eigene Geburt verhindern will.

Die eigentliche Verschiebung zeigt sich in Ranks Werk *Das Trauma der Geburt*, in dem er das gesamte menschliche Leben systematisch so interpretiert, dass es zum Geburtstrauma passt. Rank betrachtet Mythen weiterhin als Wunscherfüllung, doch der zu erfüllende Wunsch, der im

Übrigen in allen kulturellen Erscheinungen enthalten ist, besteht nun darin, die Geburt entweder rückgängig zu machen oder sich einen zweiten Mutterleib zu schaffen. Während in *Der Mythus von der Geburt des Helden* der Vater der Schuldige ist, weil er die *Geburt verhindern* will, wird im *Trauma der Geburt* die Mutter zur Schuldigen, weil sie den Helden *gebiert*. Die Selbstblendung des Ödipus, nachdem er entdeckt hat, dass er sich des Inzests schuldig gemacht hat, ist kein Zeichen von Schuldgefühlen angesichts seiner ödipalen Taten, sondern »[...] im tiefsten Grunde die Rückkehr in das Dunkel des mütterlichen Leibesinnern; [...] und seine schließliche Entrückung durch eine Felsspalte in die Unterwelt drückt die gleiche Wunschtendenz nochmals an der Mutter Erde aus.« (Rank, *Das Trauma der Geburt*, S. 43)

Der Adonis-Mythos würde hier ganz sicher als Fall einer prä-ödipalen, nicht einer ödipalen Bindung an die Mutter betrachtet werden. Und doch stellt Adonis ein sehr viel extremeres Beispiel dar: Er erkennt nämlich nicht einmal, dass er geboren und in die Welt geworfen wurde. Er wähnt sich nach wie vor in einer mutterleibähnlichen Umgebung. Seine Katastrophe ist nicht die Geburt, sondern der Tod, der für ihn keine Rückkehr in den Mutterleib bietet.

C. G. Jung

Während sich das Heldentum für Freud und Rank auf die erste Lebenshälfte beschränkt, prägt es für C. G. Jung die zweite Lebenshälfte noch sehr viel stärker. Bei Freud und Rank geht es im Heldentum um die Beziehung zu den Eltern und zu den eigenen Trieben. Bei Jung umfasst es außerdem noch die Beziehung zum Unbewussten. In der ersten Lebenshälfte bezeichnet Heldentum nicht nur eine Ablösung von den Eltern und den unsozialen Trieben, sondern noch viel mehr eine Ablösung vom Unbewuss-

Abb. 11. C. G. Jung.

ten: Jedes Kind, dem es gelingt, ein eigenes Bewusstsein zu entwickeln, vollbringt nach Jung eine ausgesprochene Heldentat. Wie die Nachfolger Freuds analysieren auch Jungianer nicht nur Heldenmythen, sondern Mythen jeglicher Art, die sie dann im heroischen Sinn deuten. Schöpfungsmythen beispielsweise symbolisieren die Erschaffung des Bewusstseins aus dem Unbewussten.

Für Freud ist das Unbewusste das Produkt verdrängter Triebe. Für Jung ist es nicht so sehr geschaffen als vielmehr ererbt und umfasst sehr viel mehr als nur verdrängte Triebe. Unabhängigkeit vom Unbewussten im Sinne Jungs bedeutet also mehr als reine Unabhängigkeit von den Trieben: Diese Unabhängigkeit ist gleichbedeutend mit der

Ausformung des Bewusstseins, dessen Objekt in der ersten Lebenshälfte die äußere Welt ist.

Ziel der zweiten Lebenshälfte, die einzig bei Jung zum Thema wird, ist ebenfalls das Bewusstsein. Dies ist nun jedoch ein Bewusstsein des jungianischen Unbewussten und nicht mehr eines der äußeren Welt. Man muss zu dem Unbewussten zurückkehren, von dem man sich ausnahmslos getrennt hat. Doch das Ziel liegt nicht darin, auf diese Weise die Bindungen an die äußere Welt zu lösen. Im Gegenteil: Ziel ist immer noch die Rückkehr in die äußere Welt. Der Idealzustand besteht in einer Ausgewogenheit zwischen dem Bewusstsein für die äußere Welt und dem Bewusstsein für das Unbewusste. Ziel der zweiten Lebenshälfte ist es nicht, die Erfolge der ersten Hälfte aufzugeben, sondern sie zu ergänzen.

Ähnlich wie die klassische freudianische Problematik eine Unfähigkeit einschließt, sich in der äußeren Welt zu etablieren, umfasst eine typisch jungianische Problematik die Unfähigkeit, sich selbst im eigenen Innern erneut zu etablieren. Freudianische Probleme entspringen einem übertriebenen Festhalten an der Welt der Kindheit, jungianische Probleme hingegen entstehen aus einem übertriebenen Festhalten an der Welt, in die man eingetreten ist, nachdem man sich von der Kindheit gelöst hat, nämlich an der äußeren Welt. Bleibt man dauerhaft von der eigenen inneren Welt getrennt, fühlt man sich leer und verloren.

Joseph Campbell

Jung findet Heldentum in beiden Lebenshälften, doch Joseph Campbell, dessen *Heros in tausend Gestalten* das klassisch jungianische Gegenstück zu Ranks *Mythus von der Geburt des Helden* darstellt, tut dies nicht. So wie Rank das Heldentum auf die erste Lebenshälfte beschränkt sieht, beschränkt Campbell es auf die zweite Hälfte des Lebens.

Der Weg, den die mythische Abenteuerfahrt des Helden normalerweise beschreibt, folgt, in vergrößertem Maßstab, der Formel, wie die Abfolge der *rites de passage* sie vorstellt: Trennung – Initiation – Rückkehr, einer Formel, die der einheitliche Kern des Monomythos genannt werden kann.

Der Heros verläßt die Welt des gemeinen Tages und sucht einen Bereich übernatürlicher Wunder auf, besteht dort fabelartige Mächte und erringt einen entscheidenden Sieg, dann kehrt er mit der Kraft, seine Mitmenschen mit Segnungen zu versehen, von seiner geheimniserfüllten Fahrt zurück.

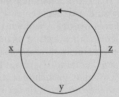

Campbells Muster für Heldenmythen aus: *Der Heros in tausend Gestalten*, S. 36

Ranks Schema setzt mit der Geburt des Helden ein, Campbells Schema eröffnet mit dessen Aufbruch ins Abenteuer. Campbells Schema beginnt also dort, wo Ranks Schema endet, nämlich an dem Punkt, an dem der erwachsene Held sich zu Hause niedergelassen hat. Ranks Held muss so jung sein, dass sein Vater und in manchen Fällen auch sein Großvater noch an der Macht sein können. Campbell macht keine genauen Angaben über das Alter seines Helden, doch darf sein Alter auf keinen Fall das Alter unterschreiten, bei dem Ranks Heldenmythos endet, also das Alter des jungen Erwachsenen. Der Held muss also bereits in die zweite Hälfte des Lebens eingetreten sein. Campbell erkennt an, dass es Heldentum auch in der ersten Lebenshälfte gibt, und zitiert sogar aus Ranks *Mythus von der Geburt des Helden*, doch solch jugendliches Heldentum ist für ihn nichts weiter als eine Vorbereitung auf das Heldentum des Erwachsenen. Im scharfen Gegensatz zu Jung tut er die Geburt als unheroisch ab, weil sie nicht bewusst erfolgt.

Ranks Held muss der Sohn königlicher oder zumindest höher gestellter Eltern sein, Campbells Held kann demgegenüber jeglicher Klasse angehören. Campbell zieht entsprechend mindestens ebenso viele Heldinnen wie Helden als Beispiel heran, und das, obwohl die zweite Phase seines Musters, die Initiation, eigentlich männliche Helden erfordert. Zudem sind manche seiner Helden noch jugendlich, obwohl sein Muster eigentlich von erwachsenen Helden ausgeht. Und schließlich legt sich Campbell in seinem Muster auf menschliche Helden fest, obwohl einige der herangezogenen Helden Götter sind. Ranks Muster hingegen schließt sowohl göttliche als auch menschliche Helden ein.

Während Ranks Held zu seinem Geburtsort zurückkehrt, bricht Campbells Heros in eine fremde, neue Welt auf, die er nie zuvor besucht hat und von der er mitunter nicht einmal wusste, dass sie überhaupt existiert:

»[...] die Bestimmung [hat] den Helden erreicht und seinen geistigen Schwerpunkt aus dem Umkreis seiner Gruppe in eine unbekannte Zone verlegt. Diese schicksalsschwere Zone, die so lockend ist wie gefahrvoll, wird auf die verschiedenste Weise vorgestellt: als ein fernes Land, ein Wald, ein unterirdisches Reich, unter den Wogen oder über dem Firmament, als eine verborgene Insel, ein entlegener Berggipfel oder eine tiefe Traumentrückung.« (Campbell, *Der Heros in tausend Gestalten*, S. 62 f.)

Diese außergewöhnliche Welt ist die Welt der Götter. Der Held muss gerade aus dem Grunde der menschlichen Welt entstammen, damit beide Welten in Gegensatz zueinander treten können.

In dieser exotischen, übernatürlichen Welt trifft der Held nun vor allem auf eine mächtige Göttin und einen mächtigen Gott. Die mütterliche Göttin ist liebevoll und warmherzig, denn sie ist »der Inbegriff aller Schönheit, die Antwort auf alles Begehren, das beseligende Ziel jeder irdischen und unirdischen Heldenfahrt.« (Campbell, *Der Heros in tausend Gestalten*, S. 107)

Der Gott hingegen ist tyrannisch und erbarmungslos, ist ein »Oger«. Der Held schläft mit der Göttin und heiratet sie. Entweder vor oder nach seiner Begegnung mit ihr kämpft er mit dem Gott. Und doch geht er nicht nur mit der Göttin, sondern mit beiden eine mystische Einheit ein und wird auf diese Weise seinerseits göttlich.

Dort, wo Ranks Held nach Hause *zurückkehrt*, um seinem Vater und seiner Mutter zu begegnen, *verlässt* Campbells Held sein Zuhause, um einem Gott und einer Göttin zu begegnen, die zwar vater- und mutterähnlich, jedoch nicht seine Eltern sind. Dennoch ähneln sich die Begegnungen der beiden Helden auf bemerkenswerte Weise: Denn so, wie Ranks Held, wenn auch meist nur auf latenter Ebene, seinen Vater tötet und seine Mutter heiratet, so heiratet Campbells Held – mitunter auch in umgekehrter Reihenfolge – die Göttin und bekämpft oder tötet sogar den Gott.

Noch gravierender sind allerdings die Unterschiede. Da die Göttin nicht die Mutter des Helden ist, stellt der Verkehr mit ihr keinen Inzest dar. Darüber hinaus heiraten beide nicht nur, sondern werden als mystische Einheit gesehen. Und allem äußeren Anschein zum Trotz ist das Verhältnis zum Gott für Campbell letztlich nicht weniger positiv. Im Grunde sucht der Held bei diesem väterlichen Gott dieselbe Liebe, die er eben erst von der Göttin gewonnen hat oder bald von ihr gewinnen wird. Er ist auf Versöhnung, ist auf Wiedergutmachung aus.

Behauptet Campbell, der den Initiationsritus begleitende Mythos enthülle den »freundlichen, selbstlos opferbereiten Aspekt[s] des Vater-Archetypus« (S. 137), so verwendet er diesen Begriff ganz in Jungs Sinn. Für die Nachfolger Freuds symbolisieren Götter die Eltern. Für die Nachfolger Jungs sind die Eltern Symbole für die Götter, die ihrerseits wiederum den Vater- und den Mutter-Archetypus, also konstitutive Bestandteile der Persönlichkeit des Helden symbolisieren. Die Beziehung des Helden zu diesen Göttern symbolisiert nicht, wie für Freud und Rank, die Beziehung eines Sohnes zu anderen Personen – seinen Eltern –, sondern vielmehr die Beziehung einer Seite der männlichen Persönlichkeit, dem Ich, zu einer anderen, nämlich dem Unbewussten. Vater und Mutter sind nur zwei der Archetypen, aus denen sich das jungianische bzw. das »kollektive« Unbewusste zusammensetzt. Archetypen sind nicht deshalb im Unbewussten angesiedelt, weil sie verdrängt worden wären, sondern weil sie niemals ins Bewusstsein gebracht wurden. Für Jung und für Campbell sind Mythen nicht wie für Freud und Rank deshalb entstanden und erhalten geblieben, um neurotische Triebe zu befriedigen, die sich nicht offen manifestieren können, sondern um ganz normalen Seiten der Persönlichkeit Ausdruck zu verleihen, die schlicht nie die Möglichkeit hatten, sich zu realisieren.

Indem er sich mit dem Helden eines Mythos identifiziert, lebt Ranks männlicher Mythenurheber oder -leser im Geist indirekt ein Abenteuer aus, das er, wenn er diesen Trieb jemals direkt befriedigen würde, an seinen Eltern ausleben müsste. Im Gegensatz dazu lebt Campbells Mythenurheber oder -leser, der sowohl männlich als auch weiblich gedacht ist, im Geist indirekt ein Abenteuer aus, das selbst dann noch im Geist stattfände, wenn es jemals direkt erlebt würde. Denn der Held begegnet im Grunde

nur Teilen seines eigenen Bewusstseins. Würde man Dro-
genslang verwenden, so könnte man sagen, dass Campbells
heroisches Abenteuer einem Trip gleichkommt.

Campbells Held muss sich, nachdem er aus der sicheren
Alltagswelt ausgebrochen ist und sich in eine gefährliche,
neue Welt begeben hat, für eine Beendigung seiner Reise
wiederum von der neuen Welt lösen, in der er sich inzwischen etabliert hat, und in die Alltagswelt zurückkehren.
Doch die neue Welt ist derartig verführerisch, dass es viel
schwieriger wird, sie wieder zu verlassen, als von zu Hause fortzugehen. So führen Circe, Calypso, die Sirenen und
die Lotophagen Odysseus mit einem sorgenfreien, un-
sterblichen Leben in Versuchung.

Obwohl dies häufig missverstanden wurde, steht Jung
einem Zustand völligen Unbewusstseins ebenso ablehn-
nend gegenüber wie Freud. Beide streben danach, das
Unbewusste bewusst zu machen. Ihr Ideal besteht in einem klaren Bewusstsein. Jung spricht sich ebenso nach-
drücklich gegen eine Ablehnung des normalen Ich-Be-
wusstseins zugunsten des Unbewussten wie gegen eine
Ablehnung des Unbewussten zugunsten des Ich-Bewusst-
seins aus. Er strebt nach einer Balance zwischen Ich-Bewusstsein und Unbewusstem, zwischen einem Bewusstsein für die äußere Welt und einem Bewusstsein für das
Unbewusste. Für Jung wäre das Versagen des Helden, in
die Alltagswelt zurückzukehren, Zeichen seiner Unfähigkeit, den Verlockungen des Unbewussten zu widerstehen.

Im Gegensatz zu Jung sucht Campbell das reine Unbewusste. Sein Held kehrt niemals in die Alltagswelt zurück,
sondern er erliegt dem Unbewussten. Und dennoch verlangt Campbell selbst die Rückkehr des Helden in die Alltagswelt. Wie kann es also sein, dass sein Held diese Alltagswelt letztlich von sich zu weisen scheint? Die Antwort liegt darin, dass die Welt, in die Campbells Heros
zurückkehrt, die fremde, neue Welt ist, die, wie sich her-
ausstellt, die Alltagswelt durchdringt. Es gibt keine abge-

trennte Alltagswelt mehr – Alltags- und neue Welt sind im Grunde eins, denn die »beiden Welten, die göttliche [d. h. die neue] und die menschliche [d. h. die Alltagswelt], können nur als unterschiedene dargestellt werden, verschieden wie Leben und Tod, Tag und Nacht. [...] Dennoch aber [...] sind die beiden in Wahrheit eins.« (Campbell, *Der Heros in tausend Gestalten*, S. 208 f.)

Wie Dorothy im *Zauberer von Oz* hätte der Held seine Heimat eigentlich gar nicht verlassen müssen. An der Stelle, an der sich Jung für eine Balance zwischen Ich-Bewusstsein und Unbewusstem ausspricht, befürwortet Campbell eine Verschmelzung. Indem er die philosophische Auslegung von Heldenmythen mit einer psychologischen Deutung kombiniert, deutet er alle Heldenmythen dahingehend, dass sie eine mystische Einheit predigen.

Adonis

Jung selbst erwähnt Adonis nur nebenbei, zieht ihn jedoch als Beispiel für den Archetypus des ewigen Kindes, des *puer aeternus*, heran. Diesen Archetypus behandelt er ebenso beiläufig, obwohl er sich über viele Seiten hinweg mit dem verwandten Archetypus der Großen Mutter befasst. Marie-Louise von Franz, die zu Jungs eifrigsten Schülerinnen gehörte, hat ein Buch über den Archetypus des *puer aeternus* geschrieben, in dem es aber hauptsächlich um andere Fälle bzw. nicht um Adonis geht.

Aus Jung'scher Perspektive erfüllt der Adonis-Mythos nicht nur die Funktion, den Archetypus des *puer* darzustellen, sondern ihn auch zu bewerten. Der Mythos dient denen als Warnung, die sich mit diesem Archetypus identifizieren. Lebt man, wie Adonis es tut, als *puer aeternus*, so führt man ein Leben als psychischer Säugling und letzten Endes sogar das Leben eines Fötus. Die Existenz eines *puer* endet im Mythos ausnahmslos mit einem verfrühten Tod, der aus psychologischer Sicht den Tod des Ichs und die Rückkehr in ein mutterleibähnliches Unbewusstes bedeutet – allerdings nicht, wie bei Rank in seiner post-freudianischen Phase, eine Rückkehr in den realen Mutterleib.

Als Archetypus stellt der *puer aeternus* eine Seite der Persönlichkeit dar, die als solche akzeptiert werden muss. Ein konkreter *puer* geht schlicht zu weit: Er erhebt den Archetypus zum Inbegriff seiner eigenen Persönlichkeit. Unfähig, dem Zauber zu widerstehen, erliegt er ihm vollkommen, gibt dabei sein Ich auf und kehrt zurück ins reine Unbewusste.

Ein *puer* kann dem Archetypus deshalb nicht widerstehen, weil er sich weiterhin im Bann des Archetypus der Großen Mutter befindet, die anfangs mit dem Unbewussten als Ganzem identisch ist. Er ist unfähig, sich von ihr zu lösen, und daher auch unfähig, ein starkes, unabhängiges Ich zu entwickeln. Ohne dieses Ich kann er jedoch auch im weiteren Leben keiner erdrückenden Frau widerstehen. Indem er dem *puer*-Archetypus erliegt, erliegt er auch der Großen Mutter, zu der er zurückkehren will. Ein *puer* lebt nur von der Mutter und durch sie, kann keine eigenen Wurzeln schlagen und befindet sich daher in einem permanent inzestuösen Zustand. Jung bezeichnet ihn sogar als reinen Traum der Mutter, die ihn schließlich wieder zu sich zurückholt.

Ein *puer* kann jedes biologische Alter annehmen, von der Pubertät, der Zeit der dramatischsten Ausdrucksform, über das mittlere bis hin zum hohen Alter. Psychologisch gesehen ist er jedoch ein Säugling. Wie ein Mensch mit einem unüberwindlichen Ödipuskomplex für Freud auf das Alter zwischen drei und fünf Jahren fixiert bleibt, so bleibt ein *puer* für Jung auf die Geburt fixiert. Während der Ödipuskomplex von einem unabhängigen Ich ausgeht, das auf egoistische Weise danach strebt, die Mutter für sich zu gewinnen, gehört zum *puer* ein schwächliches Ich, das danach strebt, sich der Mutter völlig zu ergeben. Ein *puer* sucht nicht Dominanz, sondern Verschmelzung und damit die Rückkehr in einen vorgeburtlichen Zustand.

Für Freud und auch für Rank (und das gilt sowohl für seine freudianische als auch seine post-freudianische Phase) bedeutet die Bindung an die Mutter in jeder Lebensphase eine Bindung an die tatsächliche Mutter oder eine mütterliche Ersatzfigur. Für Jung ist die Bindung an die Mutter gleichbedeutend mit einer Bindung an den Mutter-Archetypus, der sich in der tatsächlichen Mutter oder der mütterlichen Ersatzfigur nur manifestiert. Während sich ein Junge für Freud von seiner Sehnsucht nach der Mutter – sei sie nun kindlich oder ödipal – befreien muss, muss sich ein Junge für Jung von seiner Neigung befreien, sich mit dem Mutter-Archetypus zu identifizieren. Für Freud zieht die Unfähigkeit, sich zu befreien, eine ewige Bindung an die eigene Mutter nach sich. Für Jung bedeutet sie eine Reduzierung der Persönlichkeit auf den inneren Mutter-Archetypus. Während sich der Kampf um die Freiheit bei Freud zwischen zwei Personen, nämlich Mutter und Sohn, abspielt, vollzieht er sich für Jung zwischen zwei Teilen derselben Persönlichkeit, nämlich dem Ich und dem Unbewussten, das wiederum ursprünglich durch den Mutter-Archetypus symbolisiert wird.

Da sich Archetypen niemals direkt, sondern immer nur über Symbole ausdrücken, kennt ein Junge nur die Aspekte des Mutter-Archetypus, die über seine tatsächliche Mutter oder die mütterliche Ersatzfigur zu ihm durchdringen. Eine Mutter, die ihren Sohn nicht loslassen will, beschränkt seine Erfahrungen auf die erdrückende, negative Seite des Archetypus. Eine Mutter dagegen, die ihr Kind schließt, und sei es auch noch so widerstrebend, loslässt, eröffnet ihm die nährende, positive Seite des Archetypus. Anfangs will kein Kind freiwillig gehen. Eine erdrückende Mutter, die ihm nur die eine Seite des Mutter-Archetypus offenbart, verführt es zum Bleiben. Eine näh-

rende Mutter, die ihm auch die andere Seite enthüllt, treibt
es dazu an, der Versuchung zu widerstehen. In all seinen
Aspekten wird der Mutter-Archetypus in seiner Funktion
als Archetypus vererbt. Die eigenen Erfahrungen mit der
Mutterfigur legen nur fest, welche Aspekte des Archetypus ausgewählt werden. Ein Junge, der keine nährende
Mutterfigur kennengelernt hat, wird diesen Aspekt seines
latenten inneren Archetypus auch nie entwickeln.

Ein *puer* kann sich seiner Persönlichkeit entweder bewusst oder nicht bewusst sein. Natürlich erlebt auch ein
bewusster *puer* verführerische Frauen als Erscheinungs-
formen der Großen Mutter. Doch ist er sich zumindest
darüber im Klaren, dass andere Männer Frauen anders
wahrnehmen, nämlich als potenzielle Lebensgefährtinnen.
Er nimmt es schlicht als gegeben hin, dass für ihn nur die
mystische Einheit das Richtige ist. Es ist ihm bewusst,
dass er unkonventionell ist, und das macht ihn stolz. Der
bekannteste Fall eines bewussten *puer* ist Casanova.

Ein unbewusster *puer* hingegen geht davon aus, dass
alle anderen genauso sind wie er. Er nimmt an, dass alle
anderen Männer ebenfalls die Einheit mit einer Frau suchen, denn eine andere Art von Beziehung existiert für
ihn nicht. Ein besonders spektakuläres Beispiel für einen unbewussten *puer* ist Elvis Presley. Er war durch und durch
ein Muttersöhnchen, das seine letzten zwanzig Lebensjah-
re wie ein Einsiedler in einer mutterleibähnlichen, kindli-
chen Welt verbrachte, in der ihm jeder Wunsch umgehend
erfüllt wurde, sich aber zugleich für völlig normal, ja sogar für einen typischen Amerikaner hielt.

Ein *puer* kann also entweder eine bestimmte Person
oder ein Symbol sein. Einige berühmte historische *pueri*
sind sogar ihrerseits zu Symbolen geworden. Während ein
historischer *puer* biologisch betrachtet ein Erwachsener
ist, wird ein symbolischer *puer* möglicherweise nie erwachsen und kann damit ein Beispiel des ewig jugendlichen Lebens bieten, nach dem reale *puer*-Persönlichkeiten

streben. Die bekanntesten symbolischen *pueri* sind Peter Pan und der Kleine Prinz.

Ähnlich wie ein *puer* sich seiner selbst bewusst oder unbewusst sein kann, so kann er auch nach außen hin gut oder schlecht angepasst erscheinen. Nach außen hin mag er sich in einer Ehe und einer geregelten Arbeit eingerichtet haben, doch beides verschafft ihm keine Befriedigung. Oder er wirkt auch nach außen ähnlich instabil wie Don Juan oder der ewige Student.

Das Gegenteil des *puer*-Archetypus ist der Archetypus des Helden. Der Held hat dort Erfolg, wo der *puer* versagt. In der ersten Lebenshälfte ist ein Ich dann heroisch, wenn es ihm gelingt, sich vom Unbewussten zu befreien und sich in der Gesellschaft zu etablieren. Ein Held schafft es, sich eine ihn erfüllende Arbeit und eine Gefährtin zu sichern, einem *puer* misslingt beides. In der zweiten Lebenshälfte zeigt sich das inzwischen unabhängige Ich darin heroisch, dass es sich von der Gesellschaft lösen und zum Unbewussten zurückkehren kann, ohne dabei in den alten Zustand zurückzufallen. Während ein Held der ersten Lebenshälfte sich mit den Konventionen einer Gesellschaft einrichtet, widersetzt sich ein Held der zweiten Lebenshälfte diesen Konventionen. Doch der Held widersetzt sich bewusst, der *puer* nur unbewusst. Während der Held für die Aufgabe, der er sich verschrieben hat, alles riskiert, lässt ein *puer* sich auf nichts richtig ein und riskiert daher auch nichts. Während ein wahrer Held dem alten Dädalus ähnelt, ist der *puer* wie dessen Sohn Ikarus. Da er in der ersten Lebenshälfte als Held versagt, muss er notwendigerweise auch in der zweiten Lebenshälfte versagen. Im Grunde gibt es für ihn gar keine zweite Hälfte.

Adonis ist der Inbegriff des *puer aeternus*, da er nicht heiratet, nicht arbeitet und jung stirbt. Er wird schlicht und einfach nie erwachsen. Um überhaupt geboren zu werden, muss er sich erst aus einem Baum herauskämpfen. In Ovids Version lässt seine in den Baum verwandelte

Mutter ihn nur äußerst widerstrebend in die Außenwelt. Wie jede andere Mutter auch wird sie überglücklich gewesen sein, ihn zu empfangen, doch anders als normale Mütter will sie ihn bei sich behalten. Adonis muss sich selbst den Weg in die Außenwelt suchen.

Kaum hat er sich aus dem Baum herausgekämpft, drängt in Apollodorus' Version Aphrodite ihn auch schon wieder zurück – zwar nicht zurück in den Baum, sondern in eine Truhe. Auf diese Weise macht sie die beschwerliche Geburt gleich wieder rückgängig. Als Persephone die Truhe öffnet, die Aphrodite ihr anvertraut hat, ohne ihr etwas über den Inhalt zu verraten, verliebt auch sie sich in Adonis und weigert sich, ihn zurückzugeben. Ähnlich wie dessen Mutter will auch die jeweilige Göttin ihn vollständig für sich allein haben. Und obwohl Zeus ihm ein Drittel des Jahres Freiheit zuerkennt, tritt Adonis dieses Drittel bereitwillig an Aphrodite ab. Er befindet sich also zu keinem Zeitpunkt außerhalb der Obhut einer archetypischen Mutterfigur.

Adonis kann den Göttinnen nicht widerstehen, allerdings nicht deshalb, weil sie ihn sexuell anzögen. Er sieht in ihnen keine betörend schönen Frauen, sondern seine Mutter, mit der er keinen Geschlechtsverkehr, sondern Verschmelzung ersehnt. Zwischen ihm und den Göttinnen besteht jener ursprüngliche Zustand mystischer Einheit, den Lucien Lévy-Bruhl – der von Jung häufig zitiert wird – als *participation mystique* bezeichnet (vgl. das erste Kapitel). Von seiner Psyche her gesehen befindet sich Adonis auf eben jener Stufe menschlicher Entwicklung, die Lévy-Bruhl und nach ihm Jung als »primitiv« bezeichnet haben. Da er keinerlei Unterschied zwischen seinem Leben und dem Leben anderer wahrnimmt, repräsentiert er den *puer* in seiner extremsten Ausprägung: Er ist zugleich unbewusst und nach außen gerichtet. Während Campbell Adonis' Identifikation mit seiner Welt als mystisch bezeichnen und gutheißen würde, würde Jung sie als infantil verdammen.

Mythos und Struktur

Claude Lévi-Strauss

Claude Lévi-Strauss' Beitrag zur Mythenforschung, der bereits im ersten Kapitel angesprochen wurde, markiert nicht nur eine Wiederbelebung der Tylor'schen Betrachtung von Mythen als proto-wissenschaftlich, sondern vor allem den Beginn eines »strukturalistischen« Ansatzes in der Mythentheorie. Erinnern wir uns, dass Mythen für Lévi-Strauss ein Beispiel für das Denken per se darstellen, sei es nun modern oder primitiv, da sie Phänomene klassifizieren. Menschen, so Lévi-Strauss, denken in Klassifikationen, vor allem in Gegensatzpaaren, und projizieren diese auf die Welt. Nicht nur in Mythos und Wissenschaft, die Lévi-Strauss als Systematiken betrachtet, sondern auch beim Kochen, in der Musik, in der Kunst, in der Literatur, der Mode, der Etikette, der Ehe und der Wirtschaft äußert sich diese menschliche Tendenz zur Bildung von Paaren.

Für Lévi-Strauss zeichnet sich unter diesen Phänomenen der Mythos durch dreierlei aus. Erstens stellen Mythen allem Anschein nach das ungeordnetste unter den genannten Phänomenen dar: »Es scheint, dass im Verlauf eines Mythos nahezu alles geschehen kann. Es gibt [scheinbar] keine Logik, keine Kontinuität.« Die Tatsache, dass es also möglich ist, Mythen sogar in Gegensatzpaare zu ordnen, beweist unwiderruflich, dass sämtlichen kulturellen Phänomenen eine Ordnung innewohnt und ihnen damit letztlich ein Geist bzw. ein Denken zugrunde liegt. Lévi-Strauss erläutert dies bereits zu Beginn seiner *Mythologica* (*Mythologiques*), einer vierbändigen Studie zur Mythologie der nordamerikanischen Indianer:

Abb. 12. Claude Lévi-Strauss.

»Entscheidender wird also das Experiment sein, das wir jetzt mit der Mythologie anstellen. [...] [F]alls es möglich wäre aufzuzeigen, daß auch in diesem Fall der willkürliche Schein, das vorgeblich freie Hervorquellen, ein Erfindungsreichtum, den man für zügellos halten könnte, Gesetze zur Voraussetzung haben, die auf einer tieferen Ebene wirken, so würde die Schlußfolgerung unvermeidlich werden, daß der Geist, der Selbstkonfrontation ausgeliefert und der Pflicht, mit den Gegenständen zu operieren, enthoben, in gewisser Weise sich darauf beschränkt sieht, sich selbst als Objekt zu imitieren [...] der menschliche Geist [muß], wenn er bis in seine Mythen hinein determiniert erscheint, es *a forteriori* überall sein [...].« (Lévi-Strauss, *Das Rohe und das Gekochte*, S. 23 f.)

Wie Tylor appelliert auch Lévi-Strauss an den Ordnungs-
trieb des Verstands, um zu belegen, dass dieser sich aus
nahezu wissenschaftlichen Prozessen der Beobachtung
und Hypothesenbildung und nicht aus einer unbegrenzten Vorstellungskraft heraus entwickelt hat.

Zweitens stellt der Mythos, zusammen mit dem Totemismus, das einzige ausschließlich primitive unter den
von Lévi-Strauss analysierten Phänomenen dar. Der Beweis, dass ihm eine Ordnung zugrunde liegt, wäre zugleich der Beweis, dass auch seine Urheber grundsätzlich
und damit auch logisch und intellektuell gesehen als ge-
ordnet betrachtet werden können.

Drittens – und das ist der wichtigste Punkt – drücken
Mythen nicht nur Gegensätze aus, die das Äquivalent zu
Widersprüchen bilden, sondern lösen diese zugleich auf:
»Der Zweck des Mythos liegt darin, ein logisches Modell
zu liefern, das Widersprüche überwinden kann.« Mythen
lösen Widersprüche »dialektisch« auf oder gleichen sie zumindest aus, indem sie eine vermittelnde Vergleichsgröße
oder einen analogen, dabei aber leichter aufzulösenden
Widerspruch anbieten.

Wie jene Widersprüche, die sich in anderen Phänome-
nen ausdrücken, so sind auch die im Mythos geäußerten
Widersprüche kaum zu zählen. Offenbar lassen sie sich jedoch alle auf den grundlegenden Gegensatz »Natur vs.
Kultur« zurückführen. Dieser Gegensatz wiederum entsteht aus dem Konflikt, dass Menschen sich einerseits als
Tiere und damit als Teil der Natur, andererseits aber als
Menschen und damit als Teil der Kultur erfahren. Dieser
Konflikt ist eine Projektion des widersprüchlichen Cha-
rakters des menschlichen Geistes auf die Welt. Menschen
denken nicht nur in Gegensätzen, sondern sie erleben
auch die Welt als gegensätzlich. So mag der Eindruck entstehen, dass Lévi-Strauss, wie auch Freud und Jung, den
menschlichen Geist und nicht die Welt zum Thema des
Mythos erhebt. Dies ist jedoch nicht der Fall. Lévi-Strauss

versucht nicht, wie Freud und Jung, Projektionen zu identifizieren, um sie anschließend aufzulösen, sondern will
schlicht und ergreifend ihre Quelle aufspüren. (Zugleich
ist er der Ansicht, dass die Welt ihrerseits in Gegensätzen
organisiert ist, sodass die menschlichen Projektionen zwar
Projektionen bleiben, darin aber dem Wesen der Welt entsprechen. Dasselbe behauptet auch Jung mit seinem Synchronizitätsprinzip.) Sobald Lévi-Strauss die Quelle einer
Projektion aufgespürt hat, behandelt er diese in der Folge
als Erfahrung von Welt. Und so liegt der Gegenstand des
Mythos für ihn, wie auch für Bultmann, Jonas und Camus, in der Begegnung mit der Welt – einer Welt allerdings, die nicht als fremd, sondern nur als gegensätzlich
erfahren wird.

Die einleuchtendsten Beispiele für den Konflikt zwischen Natur und Kultur findet Lévi-Strauss in den wiederkehrenden Gegensätzen zwischen Rohem und Gekochtem, zwischen wilden und domestizierten Tieren sowie Inzest und Exogamie (also der Verpflichtung, nur
außerhalb der eigenen Gruppe zu heiraten). Es ist schwieriger nachzuvollziehen, inwiefern andere Gegensätzlichkeiten, die er nachweist – beispielsweise Sonne und Mond,
Himmel und Erde, heiß und kalt, hoch und niedrig, links
und rechts, männlich und weiblich oder Leben und Tod –
eine Trennung zwischen Natur und Kultur und nicht nur
eine Aufspaltung innerhalb der Natur symbolisieren.
Ebenso unklar bleibt, inwiefern Gegensätze wie Schwester
und Ehefrau oder matrilokale (die Mutter ist Ausgangspunkt) und patrilokale (der Vater ist Ausgangspunkt) Verwandtschaft noch irgendetwas anderes symbolisieren sollen als eine Kluft innerhalb der Gesellschaft und damit
wiederum nur eine Kluft innerhalb der Kultur.

Nach Lévi-Strauss schafft der Ödipus-Mythos einen
Ausgleich im Konflikt zwischen Natur und Kultur, indem
er zeigt, dass Menschen einen parallel gelagerten Konflikt
durchaus akzeptieren können:

»Die Schwierigkeit [d. h. der Gegensatz] ist unüber-
windlich [d. h. unauflösbar]. Aber der Ödipusmythos
liefert eine Art logisches Instrument, das es ermöglicht,
eine Brücke zu schlagen [zu] dem Ausgangsproblem
[...]. Dadurch ergibt sich eine Korrelation [des ursprünglichen Gegensatzes mit einem analogen]: die
Überbewertung der Blutsverwandtschaft verhält sich zu
ihrer Unterbewertung [des leichter zu akzeptierenden
Gegensatzes] wie die Bemühung, der Autochthonie zu
entgehen, zu der Unmöglichkeit, dies zu erreichen [der
eigentlich aufzulösende Gegensatz].« (Lévi-Strauss,
»Die Struktur der Mythen«, in: *Strukturale Anthropologie*, S. 238)

Indem Lévi-Strauss die Elemente des Mythos nicht chro-
nologisch nach der Abfolge der Handlungen anordnet,
sondern wiederkehrend in zwei Gruppen von Gegensatzpaaren, argumentiert er, dass der Mythos die Spannung
zwischen einem solchen Paar verringert, indem er ihm ein
vergleichbares Paar gegenüberstellt, das bereits akzeptiert
ist. Der bereits akzeptierte Gegensatz hier sind die »Überbewertung« und »Unterbewertung« der »Blutsverwandtschaft«. Die Überbewertung kann sich entweder auf die
Ausübung von Inzest – Ödipus, der seine Mutter heiratet
– oder auf den Verstoß gegen ein Verbot im Namen fami-
liärer Bindungen beziehen – Antigone, die ihren Bruder
Polyneikes beerdigt. Eine Unterbewertung bezieht sich
entweder auf Brudermord – Eteokles, der seinen Bruder
Polyneikes tötet – oder auf Vatermord – Ödipus, der seinen Vater tötet. Dabei repräsentiert die Überbewertung
der Blutsverwandtschaft die Natur, da es sich um instink-
tives Verhalten handelt. Ihre Unterbewertung hingegen
repräsentiert die Kultur, denn sie ist unnatürlich. Es mag
den Anschein haben, als folge Lévi-Strauss Freud, indem
er sich überhaupt mit dem Ödipus-Mythos befasst und
sich auf Geschlechtsverkehr und Mord zwischen Bluts-

verwandten konzentriert. Tatsächlich jedoch schiebt er
Freuds Analyse als weitere Version des eigentlichen Mythos beiseite und versteht sie nicht einmal als zweitklassi-
ge, unterlegene Analyse.

Im Ödipus-Mythos zeigt sich der Gegensatz, der nach
Akzeptanz verlangt, in der »Verneinung« oder »Bestätigung« der alteingesessenen, autochthonen Herkunft. Die
Verneinung bezieht sich auf die Tötung erdgeborener
Monster, die entweder die Geburt von Menschen verhindern – Kadmos tötet den Drachen, aus dessen Zähnen
dann ein Menschengeschlecht heranwächst – oder eine
Gefahr für das Überleben der Menschen darstellen – Ödipus tötet die Sphinx, die Theben aushungert. Die Bestätigung der Herkunft wiederum bezieht sich auf die gängige
mythologische Annahme, dass Menschen, die der Erde
entstammen, schlecht gehen können: Der Name Ödipus
bedeutet in etwa »Schwellfuß«. In der Tötung erdgeborener Monster zeigt sich eine Verneinung der Verbindung
des Menschen zur Erde. Gibt man hingegen einem Menschen einen Namen, der auf Gehschwierigkeiten hinweist,
bestätigt man, dass eine solche Verbindung besteht. Die
Verneinung der Verbindung steht für die Natur, denn der
Mensch stammt tatsächlich von menschlichen Eltern ab
und entsteht nicht aus der Erde. Die Bestätigung der Verbindung hingegen steht für die Kultur, denn die Mythologie besagt ja tatsächlich, dass der Mensch der Erde entstammt. Lévi-Strauss erklärt allerdings nicht, weshalb die
alten Griechen das eine Gegensatzpaar leichter akzeptieren konnten als das andere.

Andere Mythen können die Gegensätze nicht einmal so
weit auflösen wie hier. Sie belegen anstelle dessen, dass
jegliche Alternative noch sehr viel schlimmer wäre. Der
Asdiwal-Mythos des Indianerstammes der Tshimshian
beispielsweise dient nicht dazu, »die Wirklichkeit zu beschreiben, sondern ihren schlechten Zustand [d. h. die Wi-
dersprüche] zu rechtfertigen, da die extremen Positionen

[d. h. die Alternativen] hier nur imaginiert werden, um zu beweisen, daß sie unhaltbar sind« (Lévi-Strauss, »Die Geschichte von Asdiwal«, S. 65). Anstatt den Gegensatz zwischen Leben und Tod aufzulösen, stellt ein Mythos den Tod über die Unsterblichkeit oder auch über das ewige Leben: »Die Indianerstämme Nordamerikas erklären dies damit, dass, wenn es den Tod nicht gäbe, die Bevölkerung auf Erden zu sehr anwachsen und es nicht mehr genügend Platz für alle geben würde.« (Lévi-Strauss in: André Akoun [u. a.], »A Conversation with Claude Lévi-Strauss«, S. 74) Da Mythen vom menschlichen Erleben, um nicht zu sagen: von den tiefsten Ängsten der Menschen im Erleben der Welt handeln, kommt ihnen allem Anschein nach eine existentielle Bedeutung zu, wie auch Bultmann, Jonas und Camus meinen. Doch Lévi-Strauss folgt Tylor darin, dass er den Mythos als kühl-intellektuelles Phänomen versteht: Die darin ausgedrückten Gegensätze stellen eher logische Denksportaufgaben als existentielle Bedrohungen dar. Beim Mythos geht es um Denken, nicht um Empfinden. Zugleich ist im Zusammenhang mit dem Mythos der Denkprozess auch sehr viel wichtiger als der Inhalt. Lévi-Strauss nimmt hiermit einen Ansatzpunkt der heutigen kognitiven Psychologie vorweg.

Indem er seinen mythentheoretischen Ansatz als »strukturalistisch« bezeichnet, will Lévi-Strauss ihn von den »narrativen« Deutungen abgrenzen, die vor allem von der Handlung ausgehen. Ähnliches gilt für alle anderen hier besprochenen Theorien. Unabhängig davon, ob sie seine Bedeutung nun wörtlich oder symbolisch nehmen: Sie alle betrachten den Mythos als Geschichte mit einem linearen Verlauf von Anfang bis Ende. Natürlich sind nicht alle Theoretiker gleichermaßen an der Handlung interessiert. Lévy-Bruhl zum Beispiel geht es um die dem Mythos zugrunde liegende Weltsicht, doch auch er schreibt dem Mythos eine Handlung zu. Für Tylor hingegen ist die Handlung von zentraler Bedeutung: Mythen

offenbaren den Prozess, durch den die Welt entstanden ist
und durch den sie funktioniert.

Einzig Lévi-Strauss löst sich von der Handlung, der
»diachronischen« Dimension des Mythos, und weist dessen Bedeutung in der Struktur, d. h. in der »synchroni-
schen« Dimension nach. Während in der Handlungsfolge
eines Mythos Ereignis A zu Ereignis B führt, was wiederum Ereignis C zur Folge hat, welches Ereignis D auslöst,
besteht die Struktur (die identisch ist mit dem Ausdruck
und der Auflösung von Widersprüchen) entweder darin,
dass die Ereignisse A und B einen Gegensatz bilden, der
durch Ereignis C aufgelöst wird, oder darin, dass die Ereignisse A und B diesen Gegensatz weiterhin bilden und
sich dabei ebenso zueinander verhalten wie die Ereignisse
C und D, die einen analogen Gegensatz bilden.

Jeder Mythos enthält eine Reihe solcher Gegensatz-
gruppen. Diese setzen sich jeweils aus Gegensatzpaaren
zusammen, die auf die eine oder andere Weise gelöst werden. Die Beziehung der Gruppen zueinander entspricht
der Beziehung der Elemente innerhalb einer Gruppe. So
führt Gruppe Eins also nicht zu Gruppe Zwei, die wiederum Gruppe Drei zur Folge hätte, welche Gruppe Vier
auslöst. Stattdessen löst Gruppe Drei den Widerspruch
zwischen den Gruppen Eins und Zwei auf, oder die
Gruppen Eins und Zwei verhalten sich so zueinander wie
die Gruppen Drei und Vier.

Die strukturelle Bedeutung eines Mythos wächst nicht
an und ist zugleich in sich verzahnt. Sie wächst deshalb
nicht an, weil der Mythos eine Reihe von Lösungen für
die ausgedrückten Widersprüche enthält, jedoch keine einzelne, schrittweise Lösung. Jede der drei oder vier Gruppen hält in einer der beschriebenen Weisen eine Lösung
bereit, der Mythos als Ganzes jedoch nicht. Seine Bedeutung ist daher eher kreisförmig als linear angelegt, sie wie-
derholt sich mehr, als dass sie fortschreitet. Jeder Zyklus
aus drei oder vier Gruppen gibt, ebenso wie die aus drei

oder vier Elementen bestehenden Zyklen innerhalb einer Gruppe, nicht eine Konsequenz an, sondern ist nur die »Umwandlung« oder der variierte Ausdruck seines Vorgängers.

Verzahnt ist die strukturelle Bedeutung des Mythos insofern, als die Bedeutung der einzelnen Elemente einer Gruppe nicht in diesen selbst liegt, sondern in ihrer dialektischen Beziehung zu den anderen Elementen der Gruppe. Entsprechend liegt auch die Bedeutung einer einzelnen Gruppe nicht in ihr selbst, sondern in der dialektischen Beziehung zu den anderen Gruppen. Isoliert betrachtet haben weder Element noch Gruppe eine Bedeutung, keine wörtliche und auch keine symbolische.

Ein Mythos steht zu anderen Mythen in derselben verzahnten und nichtkumulativen Beziehung wie seine Elemente untereinander. Seine Bedeutung liegt nicht in ihm, sondern in seinem dialektischen Verhältnis zu anderen Mythen. Die Gruppe an Bedeutungen, die sich aus diesen Mythen zusammensetzt, stellt auch hier eher die Umwandlung als die Konsequenz ihrer Vorgänger dar. Schließlich stehen auch die Mythen in ihrer Gesamtheit in derselben Beziehung zu anderen menschlichen Phänomenen – auch zu den Ritualen – wie einzelne Mythen untereinander. In Lévi-Strauss' einzigartiger Sichtweise auf das Mythisch-Rituelle wirken Mythen und Rituale zusammen. Sie tun dies allerdings als strukturelle Gegensätze und nicht, wie andere Theoretiker des Mythisch-Rituellen meinen, als parallele Phänomene.

Vladimir Propp, Georges Dumézil und die Gernet-Schule

Lévi-Strauss ist jedoch keineswegs der einzige oder auch nur der erste Mythentheoretiker, den man als Strukturalisten bezeichnen kann. Der russische Folklorist Vladimir

Propp (1895–1970) und der französische Indogermanist Georges Dumézil (1898–1986) haben ihre Schriften bereits vor Lévi-Strauss und unabhängig von ihm verfasst. Die gemeinsame Handlung, die Propp, wie im Kapitel zu Mythos und Literatur dargelegt, in russischen Märchen nachweist, ist seine »Struktur«. Doch anders als bei Lévi-Strauss, der Propps Bemühungen aus ebendiesem Grund verwirft, verharrt Propps Struktur auf der narrativen Ebene und unterscheidet sich daher nicht wesentlich von jener ›Struktur‹, wie man sie bei Otto Rank, Joseph Campbell und Lord Raglan antrifft. Im Gegensatz dazu findet sich die Struktur, die Dumézil aufdeckt, ebenso unter der Oberfläche wie die Lévi-Strauss'sche. Doch bildet sie die Ordnung der Gesellschaft und nicht, wie bei Lévi-Strauss, die Ordnung des Denkens ab und setzt sich aus drei, nicht aus zwei Teilen zusammen.

Eine von Louis Gernet inspirierte und von Jean-Pierre Vernant (1914–2007) angeführte Gruppe französischer Altphilologen erwies sich als treueste Gefolgschaft des Strukturalismus Lévi-Strauss'scher Provenienz, obwohl auch sie Anpassungen daran vorgenommen haben. Lévi-Strauss wurde immer wieder heftigst dafür kritisiert, dass er die Mythen aus ihrem jeweiligen Kontext herausreiße, sei dieser nun gesellschaftlicher, kultureller, politischer, wirtschaftlicher oder auch sexueller Natur. Zwar bot er in seinem Aufsatz zu Asdiwal die detaillierte ethnographische Analyse eines Mythos und bezog geographische, wirtschaftliche, soziologische und kosmologische Faktoren mit ein, doch blieb das ein Einzelfall. Vernant und seine Kollegen – namentlich Marcel Detienne, Pierre Vidal-Naquet und Nicole Loraux – hatten sich die Asdiwal-Analyse zum Vorbild genommen. Als Nachfolger Lévi-Strauss' versuchten sie natürlich, verborgene und häufig latent wirksame Muster in den Mythen zu entziffern, bemühten sich aber anschließend, Bezüge zwischen diesen Mustern und der jeweiligen Kultur in ihrer Gesamtheit aufzuzeigen.

Marcel Detienne über Adonis

Der französische Altphilologe Marcel Detienne (geb. 1936), seinerzeit ein eifriger Lévi-Strauss-Schüler, hat dem Adonis-Mythos ein ganzes Buch gewidmet: *Die Adonis-Gärten* (*Les Jardins d'Adonis*). Während Frazer Adonis eher als unpersönliche Kraft denn als Gott betrachtet, ist er für Detienne viel eher ein Mensch als ein Gott. Für Frazer ist Adonis ein Symbol der Pflanzenwelt, für Detienne ist eine Form der Pflanzenwelt Symbol für – oder besser: Parallele zu – Adonis. Während Adonis bei Frazer wie die Pflanzen alljährlich stirbt und wiederaufersteht, wächst er bei Detienne, so wie die ihm zugeordnete Pflanzenwelt, rasch heran und stirbt ebenso rasch, und zwar ein für alle Mal. Vor allem jedoch verortet Frazer die Bedeutung des Mythos in der Handlung (Geburt, Jugend, Tod und Auferstehung des Adonis), während sie für Detienne in der dialektischen Beziehung zwischen den Handlungselementen (Figuren, Schauplätze, Zeit und Ereignisse) liegt.

In der Nachfolge Lévi-Strauss' weist Detienne diese dialektische Beziehung auf einer Vielzahl von Ebenen nach, so etwa in der Ernährung, der Botanik, der Astronomie, den Jahreszeiten, der Religion und der Gesellschaft. Auf jeder Ebene zeigt sich ein Kompromiss zwischen den Extremen. Die Ebenen liegen parallel zueinander, sie symbolisieren einander nicht. So ähnelt die Beziehung zwischen den Elementen auf der Ebene der Ernährung der Beziehung zwischen den Elementen auf der botanischen Ebene. Dabei ist jedoch die Ebene der Ernährung – auf der Getreide und gebratenes Fleisch das Mittel zwischen Gewürzen auf der einen und Salat und rohem Fleisch auf der anderen Seite bilden – am engsten mit allen anderen verknüpft.

Detienne assoziiert Gewürze zunächst mit den Göttern, Getreide und gebratenes Fleisch mit den Menschen und Salat und rohes Fleisch mit den Tieren. Während der Op-

ferzeremonien werden Gewürze verbrannt. Der Duft
steigt hinauf zu den Göttern, die ihn als Äquivalent für
Nahrung einatmen. Wenn das Fleisch eher gebraten und
nicht verbrannt wird, ernähren sich die Menschen von
Fleisch, die auch Getreide anbauen. Und wie verbranntes
Fleisch in Form von Dämpfen an die Götter geht, so geht
das rohe Fleisch an die Tiere, die Detienne aus irgendei-
nem Grund auch mit Salat assoziiert. Gewürze werden
nicht zuletzt durch ihre Beziehung zur Sonne und damit
zu dem Ort, der sich in der griechischen Vorstellung über
der Erde befindet, also dem Olymp, den Göttern zugeordnet. Gewürze werden nämlich nicht nur von der Sonne
verbrannt, sondern gedeihen auch am besten an Orten
und zu Zeiten großer Sonneneinstrahlung, d. h. in den heißesten Ländern der Welt, an den wärmsten Sommertagen.
Im Gegensatz dazu ist Salat kalt und wird entsprechend
den kältesten Orten und Zeiten zugeordnet, also der Welt
unterhalb der Erde, wie den Gewässern und der Unterwelt, und dem Winter. Rohes Fleisch zu essen ist gleichbedeutend damit, es »kalt« zu essen.

Getreide und gebratenes Fleisch liegen zwischen den
Gewürzen auf der einen und Salat und rohem Fleisch auf
der anderen Seite. Ähnlich wie für die Menschen das
Fleisch weder verbrannt noch roh sein darf, sondern gebraten sein muss, braucht auch das Getreide für das eigene
Wachstum ein wenig, aber nicht zu viel Sonne: »In der
Mitte der vertikalen Achse, in einer ausgewogenen Entfer-
nung zum Feuer der Sonne, befinden sich die Nahrungs-
pflanzen [...], das Getreide und die Früchte.« Aus diesem
Grund wächst Getreide auch nicht ober- oder unterhalb
des Bodens, sondern in ihm. Während Gewürze im Sommer und Salat mehr oder weniger im Winter geerntet werden, wird das Getreide in der dazwischenliegenden Zeit,
also im Herbst, eingefahren.

Gewürze sind auch noch aus anderen Gründen den
Göttern zugeordnet. Sie werden nur geerntet, aber nicht

im eigentlichen Sinne angebaut, erfordern also keine Arbeit und genügen daher den Ansprüchen an das Leben der Götter. Auch die Tiere arbeiten nicht für ihre Nahrung. Doch die Götter essen das, was sie wollen, während die Tiere das fressen, was sie finden können. Auf diese Weise müssen die Götter also nicht arbeiten und ernähren sich dennoch besser als die Menschen. Die Tiere hingegen ernähren sich schlechter, weil sie nicht arbeiten. Auch an dieser Stelle steht der Mensch in der Mitte. Er muss arbeiten, um sich ernähren zu können, doch wenn er arbeitet, hat er ausreichend, wenn auch nicht mehr als ausreichend, Nahrung. Im Goldenen Zeitalter des griechischen Dichters Hesiod waren die Menschen den Göttern gerade deshalb gleich, weil sie im Überfluss lebten und nicht dafür zu arbeiten brauchten. Und in der Zukunft werden sie wie die Tiere sein: Sie werden nicht mehr arbeiten wollen und daher vermutlich Hunger leiden.

Doch Gewürze werden nicht nur mit den Göttern, sondern auch mit sexueller Ausschweifung in Verbindung gebracht. Detienne hält Promiskuität nicht für ein göttliches Vorrecht. Er erklärt im Gegenteil Zeus und Hera zum perfekten Paar, auch angesichts der vielen Eskapaden des Göttervaters: »Folglich beschreibt das Paar Zeus und Hera auf der religiösen und mythischen Ebene die Ehe in ihrer Eigenschaft als ritueller Kontrakt, der einen Mann und eine Frau aneinander bindet.« Nicht die Götter selbst, sondern die Gewürze mit ihrem intensiven und damit verführerischen Duft werden der Promiskuität zugeordnet: »Als Salben, Parfums und in Form weiterer kosmetischer Produkte erfüllen sie auch eine erotische Funktion.« Es ist kein Zufall, dass Gewürze auch bei den Adonien-Feiern eine große Rolle spielten, die an den heißesten Tagen des Jahres begangen wurden und für ihre sexuelle Freizügigkeit bekannt waren. Entsprechend bringt Detienne zwar nicht die Tiere, wohl aber Salat und rohes Fleisch mit Sterilität und Enthaltsamkeit in Verbindung. Denn der üble

Geruch von faulendem Fleisch, das Detienne irgendwie mit rohem Fleisch gleichsetzt, wirkt nicht anziehend, sondern abstoßend und unterbindet damit sexuelle Handlungen. So ist es auch kein Zufall, dass die Frauen aus Lemnos von Männern ihres Gestanks wegen abgelehnt wurden.

Zwischen Promiskuität auf der einen und Sterilität und Enthaltsamkeit auf der anderen Seite steht die Ehe, zu der, wie Detienne anmerkt, die Thesmophoria-Feiern gehörten. Obwohl Männer nicht zugelassen waren, war dieses Fest, das alljährlich drei Tage lang in Athen gefeiert wurde, im Grunde doch eine Feier der Ehe. Zwar feierten ausschließlich Frauen, doch waren sie auch allesamt verheiratet. Auf halber Strecke zwischen dem Duft der Adonien und dem Gestank von Lemnos diente der leicht unangenehme Geruch dieser Feierlichkeiten dazu, die Männer während des Festes fernzuhalten.

Detienne verbindet all diese Ebenen mit dem Leben des Adonis und den rituellen Gärten, die ihm gewidmet waren. Adonis, so Detienne, siedelt sich auf allen Ebenen in einem der beiden Extreme, nie jedoch in der Mitte an. Und tatsächlich fällt er von einem Extrem ins andere und lässt dabei jeweils die Mitte aus. Sein Schicksal entspricht dem eines jeden Menschen, der sich anmaßt, wie ein Gott zu handeln: Er wird zum Tier zurückgestuft. Wer es wagt, sich promisk zu verhalten, wird mit Impotenz bestraft.

Für Detienne als Strukturalisten stellen die Extreme sämtlicher Ebenen *Parallelen* zum Leben des Adonis und keine *Symbole* desselben dar. Auf allen Ebenen verhalten sich die Extreme so zur Mitte wie Adonis zu uns normalen Sterblichen. Während Frazer zufolge ein Mythos Menschen zu Symbolen für die unpersönlichen Naturkräfte macht, verwendet der Mythos für Detienne unpersönliche Naturkräfte als Analogien zum menschlichen Verhalten.

Die Gärten des Adonis, die während der Adonien angelegt werden, erfordern nur wenig Arbeit. Die Pflanzen sprießen ohne Verzögerung, und ihre Pflege stellt eine Parallele zum mühelosen Leben der Götter dar. Tatsächlich sind die Gärten wie die Gewürze der Götter: Die Pflanzen werden nur gepflückt, nicht angebaut, und sie gedeihen an den Orten und zu den Zeiten, an denen bzw. zu denen die Hitze am größten ist. Im Hochsommer werden sie auf die Hausdächer gestellt. Und während Nutzpflanzen normalerweise acht Monate zum Wachsen brauchen, benötigen diese Pflanzen nur acht Tage. Normale Nutzpflanzen erfordern den Einsatz von männlicher Körperkraft, die Gärten hingegen werden von Frauen gepflegt. Doch anders als die Gewürze welken die Gärten auch so rasch wieder dahin, wie sie gewachsen sind, und anders als normale Nutzpflanzen sterben sie, ohne den Menschen Nahrung zu spenden. Sie haben weit über der Erde zu wachsen begonnen und enden unter ihr – man wirft sie ins Meer. Mit einem Wort: Die Gärten stehen für den vergeblichen Versuch, rasch reich zu werden und ohne Arbeitseinsatz an Nahrung zu gelangen. Die Götter brauchen nicht zu arbeiten, die Menschen jedoch sind zur Arbeit gezwungen. Wenn sie rasch und ohne die üblicherweise erforderliche Mühe an Nahrung gelangen wollen, bekommen sie gar nichts.

Adonis selbst steht durch seine Mutter Myrrha, die in einen Myrrhenbaum verwandelt wird, mit Gewürzen in Verbindung. Er reift in diesem Baum heran, und er kann nur geboren werden, indem er daraus hervorbricht. In Ovids Version baden die Waldnymphen den Säugling sogar noch in der Myrrhe, die aus den Tränen seiner Mutter entsteht. Das Phänomen Promiskuität ordnet jedoch Adonis noch stärker den Gewürzen zu. Seine Mutter kann ihr Verlangen nicht zügeln und begeht Inzest mit ihrem Vater. Auch Aphrodite und Persephone sind, so Apollodorus, nicht in der Lage, ihr Verlangen zu bezähmen, und streiten sich darum, wer für den kleinen Adonis sorgen darf.

Für Detienne ist Adonis nicht das unschuldige Opfer göttlicher Verführungskraft, sondern selbst ein Verführer von Göttinnen.

Und Adonis ist ein frühreifer Verführer. Wie die Gärten, so wächst auch er rasch heran. Doch er stirbt ebenso rasch und ist auch darin den Gärten ähnlich. Ähnlich wie die Gärten zu früh welken, um Früchte tragen zu können, stirbt Adonis so jung, dass er nicht heiraten und Kinder zeugen kann. Er startet von der Promiskuität aus und endet in der Sterilität. Entsprechend ist seine Mutter, die steril oder zumindest enthaltsam begann – sie wies alle Männer von sich –, schließlich promiskuitiv geworden. Indem sie von einem Extrem ins andere fallen, lehnen sowohl Mutter als auch Sohn die Mitte der Ehe nicht nur ab, sondern bedrohen diese Institution sogar.

Die Unfruchtbarkeit des Adonis verbindet sich nicht nur mit Kinderlosigkeit, sondern auch mit Unmännlichkeit. Die Tatsache, dass er dem Eber zum Opfer fällt, zeigt, wie wenig er sich für die männliche Jagd eignet. Anstatt Jäger zu sein, wird er zum Gejagten: Als »perfekte Antithese zu einem Kriegerhelden wie Herakles […] ist Adonis nur ein ebenso erbärmliches wie erbarmenswertes Opfer.« Seine Unmännlichkeit zeigt eine unzureichende Trennung zwischen Männlichkeit und Weiblichkeit. Die anfängliche Ablehnung aller Männer durch seine Mutter bezeichnet das genaue Gegenteil. Und wieder liegt das Ideal in der Mitte: Männer und Frauen sollen aufeinander bezogen, jedoch gleichzeitig klar voneinander getrennt sein.

Auf dieselbe Weise, wie Detienne die Promiskuität des Adonis mit Gewürzen in Verbindung bringt, ordnet er dessen Unfruchtbarkeit und seinen Tod dem Salat zu. In verschiedenen Varianten des Mythos versucht Adonis vergeblich, sich zwischen Salatpflanzen vor dem Eber zu verbergen. So wie die Myrrhe »die Kraft hat, die Triebe eines alten Mannes wiederzubeleben«, kann der Salat die »Leidenschaft junger Liebender verlöschen lassen«. Er bringt Impotenz mit sich, die das Äquivalent des Todes ist.

Zusammenfassend kann man sagen, dass Adonis seinen Platz in der Welt nicht kennt. Er weiß nicht, dass er weder Gott noch Tier ist, sondern Mensch, und er weiß nicht, dass die typisch menschliche Lebensform die Ehe ist. Indem er stirbt, bevor er heiraten kann, scheitert er daran, seine menschliche Natur zu erfüllen.

Angenommen, die *Bedeutung* des Mythos liegt für Detienne in der Darstellung einer schier endlosen Reihe von Ebenen, so erfüllt er damit eine gesellschaftliche *Funktion*. Er befürwortet die Ehe als Kompromiss zwischen Promiskuität auf der einen und Unfruchtbarkeit oder Enthaltsamkeit auf der anderen Seite. Im folgenden Kapitel werde ich darauf eingehen, dass der Mythos die Ehe als Bollwerk der *polis* befürwortet.

Mythos und Gesellschaft

Bronislaw Malinowski

Während sich der Mythos für Tylor und Frazer nahezu ausschließlich mit physikalischen Phänomenen wie Überflutungen, Krankheit, Tod befasst, handelt er für Bronislaw Malinowski in sehr viel höherem Maß von gesellschaftlichen Phänomenen, etwa Ehe, Steuern und, wie bereits im vierten Kapitel angesprochen, Ritualen. Mythen dienen nach wie vor dazu, die Menschen mit den Unannehmlichkeiten des Lebens auszusöhnen, doch nun geht es um Unannehmlichkeiten, die keineswegs unabänderlich sind, von denen man sich durchaus lossagen *kann*. Auch an dieser Stelle wirkt der Mythos resignierter Akzeptanz entgegen, indem er diese Unannehmlichkeiten oder zumindest Belastungen bis in eine altehrwürdige Vergangenheit zurückverfolgt und ihnen damit die Macht von Traditionen verleiht: Der Mythos »kommt ins Spiel, wenn Ritus, Zeremonie oder eine soziale oder moralische Regel Rechtfertigung verlangt, Gewähr für ihr Alter, ihre Realität und ihre Heiligkeit.« (Malinowski, »Der Mythos in der Psychologie der Primitiven«, S. 89)

Mythen überzeugen die Bevölkerung, beispielsweise gesellschaftliche Hierarchien anzuerkennen, indem sie diese Hierarchien als schon immer etabliert und in diesem Sinne als angemessen darstellen. Ein Mythos über die britische Monarchie würde diese Institution als so althergebracht wie nur möglich präsentieren, sodass es einen Bruch mit der Tradition darstellen würde, daran zu rühren. Im heutigen England wird die Fuchsjagd mit dem Argument verteidigt, dass sie bereits so lange Zeit Teil des Lebens auf

Abb. 13. Bronislaw Malinowski, um 1935.

dem Lande ist. Gesellschaftliche Mythen vermitteln die
Botschaft: »Du musst dies tun, weil es schon immer getan
wurde.« Im Fall realer, physischer Phänomene profitiert
das Individuum vom Mythos. Im Fall gesellschaftlicher
Phänomene profitiert die Gesellschaft als solche.

Die Aussage, dass Mythen den Ursprung von Phänomenen in die Vergangenheit zurückverfolgen, ist gleichbedeutend mit der Aussage, dass Mythen diese Phänomene
erklären. Wenn sich nun also Malinowski gegen Tylor
wendet und behauptet, die Naturvölker wollten nicht etwas »erklären« oder »verständlich machen«, was in ihren
Mythen geschieht, verdeutlicht er im Grunde nur, dass
Mythen, anders als Tylor sie versteht, keine Erklärung um

ihrer selbst willen darstellen. Dennoch müssen sie Erklärungen sein, denn nur im Erklären von Phänomenen können sie ihre beruhigende, versöhnende Funktion erfüllen.

Malinowski entscheidet sich an keiner Stelle eindeutig, ob moderne Menschen ebenso Mythen besitzen wie primitive oder nicht. Nachdem die moderne Wissenschaft die physische Welt sehr viel stärker kontrolliert, als es die primitive Wissenschaft an ihrer Stelle getan hätte, gibt es sicherlich nur wenige moderne Mythen über physikalische Phänomene. Dort, wo diese fehlen, kann es nach wie vor moderne Mythen zu gesellschaftlichen Phänomenen geben. Dort, wo nicht einmal die noch vorhanden sind, sind Ideologien an ihre Stelle getreten.

Georges Sorel

Der Ansatz, Mythen mit Ideologien gleichzusetzen, findet sich besonders typisch in *Über die Gewalt* (*Réflexions sur la violence*) des französischen Syndikalisten Georges Sorel (1847–1922). Für Sorel haben Mythen ewige Gültigkeit und sind nicht nur primitiv. Sie dienen, ganz im Gegensatz zu Malinowskis Ansatz, nicht dazu, die Gesellschaft zu stützen, sondern sie zu Fall zu bringen. Sorel ist davon überzeugt, dass der einzige Weg zur Umsetzung sozialistischer Ideale über den Weg der Revolution führt, die sowohl Gewalt als auch Mythen erfordert. Mit Gewalt meint er dabei kein sinnloses Blutvergießen, sondern entschlossene Aktionen. Die grundlegende gewalttätige Aktion wäre ein Streik aller Arbeiter. Als Mythos bezeichnet er eine Leitideologie, die vom nahen Ende der bestehenden Gesellschaftsordnung kündet, einen Kampf bis aufs Blut mit den herrschenden Klassen befürwortet, Rebellen zu Helden erklärt, den sicheren Sieg verkündet und sich für moralische Grundsätze für eine künftige Gesellschaftsordnung einsetzt:

»Im Verlaufe dieser Studien hatte ich etwas festgestellt
[...]: die Menschen, die an den großen sozialen Bewe-
gungen teilnehmen, stellen sich ihre bevorstehende
Handlung in Gestalt von Schlachtbildern vor, die den
Triumph ihrer Sache sichern. Ich schlug vor, diese Bil-
dungen [...] als *Mythen* zu bezeichnen: der General-
streik der Syndikalisten und Marx' katastrophenhafte
Revolution sind Mythen. [...] die Katholiken verloren
inmitten der härtesten Prüfungen niemals den Mut, weil
sie sich die Geschichte der Kirche als eine Folge von
Schlachten vorstellten, die zwischen Satan und der
durch Christus gestützten Hierarchie begonnen hatten;
jede neu auftauchende Schwierigkeit ist eine Episode
dieses Krieges und muß am Ende auf den Sieg des Ka-
tholizismus hinauslaufen.« (Sorel, *Über die Gewalt*,
S. 30 f.)

Oliver Cromwells entschlossenes Versprechen, König
Karl I. von England zu stürzen, wäre für Sorel also ein pa-
radigmatischer Fall eines Mythos.
Sorel ist der Überzeugung, dass Gewalt und Mythen für
die Revolution unverzichtbar und damit gerechtfertigt
sind. Die neutrale, wissenschaftliche Analyse von Mythen,
und sei sie selbst eine marxistische, lehnt er kategorisch
ab. Für ihn wird der Marxismus selbst zum Mythos, denn
die Hingabe an die Sache des Marxismus spornt die Anhänger zur Revolution an. Ähnlich wie Malinowski ist
Sorel gegenüber dem Wahrheitsgehalt von Mythen gleichgültig. Für beide ist nur entscheidend, dass Mythen dann
funktionieren, wenn man sie für wahr hält. Und für Sorel
lässt sich die tatsächliche Wahrheit eines Mythos, d. h. der
Erfolg einer Revolution, im Voraus ohnehin nicht erah-
nen.
Für Malinowski ähneln Mythen Ideologien darin, dass
sie die Unterwerfung unter eine Gesellschaftsordnung
rechtfertigen. Für Sorel *sind* Mythen Ideologien, indem sie

die Ablehnung einer Gesellschaftsordnung rechtfertigen.
Seine Theorie lässt sich beim besten Willen nicht auf den
Mythos von Adonis anwenden, der allein agiert, dabei
mehr passives Opfer als aktiv Handelnder ist und sich von
keiner Ideologie leiten lässt. Dafür ist sie umso leichter auf
die heutigen Terroristen anzuwenden, deren eigener Mythos den 11. September als ersten Schritt im Kampf gegen
die regierende internationale Macht, das dämonisierte
Amerika, begreift. Es bleibt jedoch fraglich, inwieweit So-
rels Theorie über die reine Benennung von etwas als Mythos hinaus zum weiteren Verständnis eben dieses Mythos
beiträgt.

René Girard

René Girard, dessen Umdeutung der Frazer'schen Theorie
vom Mythisch-Rituellen bereits im fünften Kapitel angesprochen wurde, verändert nicht nur die Beziehungen
zwischen Mythos und Ritual, sondern auch beider Ursprung und Funktion. Mythos und Ritual entstehen nicht
deshalb, um die Nahrungsversorgung, sondern um den
Frieden zu sichern. Der Sündenbock, ob König oder Bür-
gerlicher, wird nicht geopfert, um den Winter, sondern um
die Gewalt zu beenden, die, anders als bei Sorel, nicht die
Lösung, sondern das *Problem* darstellt. Mythos und Ritual
helfen nicht, mit der Natur, sondern mit der Natur des
Menschen und damit mit seiner Aggressivität fertig zu
werden.

In *Das Heilige und die Gewalt* zieht Girard, wie Raglan
und Rank, Ödipus als leuchtendstes Beispiel für seine
Theorie heran. Ödipus hat die Pest, die während seiner
Regentschaft über Theben hereinbricht, nach Girard keineswegs verursacht, sondern ist tatsächlich nur unschuldiges Opfer. Es gab entweder gar keine Pestepidemie, oder
sie war nicht der eigentliche Grund für den Aufstand.

Vielleicht ist die Pest auch nur eine Metapher für die Gewalt, die sich wie eine Epidemie in der Gesellschaft ausbreitet. Die Gewaltbereitschaft unter den Thebanern findet ihren Ausdruck in der Spannung, die zwischen den Hauptfiguren von Sophokles' Drama herrscht, nämlich zwischen Ödipus, Kreon und Teiresias. Es gibt nur eine Möglichkeit, die Gewalt zu beenden und auf diese Weise die Gesellschaft zu erhalten: Ein verwundbares Mitglied der Gesellschaft muss zum Sündenbock gemacht werden. Obwohl er König ist, ist Ödipus auf zweifache Weise stigmatisiert und damit doppelt verwundbar. Er ist ein Außenseiter: Man weiß noch nicht, dass er Thebaner ist, und er hat den Thron nicht geerbt, sondern errungen, indem er die Sphinx besiegt hat. Zudem ist er ein Krüppel, weil ihm nach der Geburt die Knöchel durchbohrt wurden. Der Mythos, der erst nach Ödipus' Sturz erdacht wurde, dient dazu, die Volksgemeinschaft von aller Schuld reinzuwaschen, indem er Ödipus selbst alle Schuld auflädt: Er hat seinen Vater getötet und seine Mutter geheiratet. Vatermord und Inzest sind der Grund dafür, dass Theben nun unter der Pest zu leiden hat. So argumentiert zumindest Teiresias bei Sophokles:

»Wenn wir diese Zeilen ernst nehmen, dann hat der entsetzliche Fluch – Bezichtigung des Vatermords und des Inzests –, den Teiresias Ödipus entgegenschleudert, nichts mit einer übernatürlichen Botschaft zu tun [und steht damit auch nicht für die ›Wahrheit‹]. [...] Diese Anschuldigung ist eins mit der Vergeltung, die sie nach sich zieht; sie wurzelt im feindseligen Austausch der tragischen Auseinandersetzung. Ohne es zu wissen, führt Ödipus, indem er Teiresias gegen seinen Willen zum Sprechen bringt, das Spiel an. Ödipus beschuldigt Teiresias zuerst, etwas mit dem Mord an [Ödipus' Vater] Laios zu tun zu haben; er zwingt Teiresias, ihm gegenüber Vergeltung zu üben und die Anschuldigung ge-

gen ihn zu wenden. [...] Den anderen des Mordes an
Laios beschuldigen heißt, ihn als den alleinigen Schuldigen für die Krise des Opferkultes zu betrachten. *Alle*
sind gleich schuldig, weil alle, wir haben es bereits
gesehen, an der Zerstörung der kulturellen Ordnung
teilhaben.« (Girard, *Das Heilige und die Gewalt*,
S. 108 f.)

In Wahrheit, so Girard, beschließen die Thebaner schlicht,
in der Frage, wer für den Zusammenbruch der Gesellschaft verantwortlich ist, Teiresias und Kreon mehr Glauben zu schenken als Ödipus. Erst der zeitlich folgende
Mythos lässt die Meinungen der Sieger zur Wahrheit werden:

»Für die Thebaner besteht die Heilung also darin, den
Mythos anzunehmen; sie erheben ihn zur einzigen und
unbestrittenen Version der inzwischen überwundenen
Krise, zur Charta einer erneuerten kulturellen Ordnung;
mit anderen Worten: sie überzeugen sich davon, daß die
Gesellschaft nie an etwas anderem als an der Pest er-
krankt ist. Das Vorgehen setzt die feste Überzeugung
von der Verantwortlichkeit des versöhnenden Opfers
voraus.« (Girard, *Das Heilige und die Gewalt*, S. 126)

Die nachfolgenden Ereignisse belegen, dass die eigentliche
Ursache des Problems die kollektive Gewaltbereitschaft
und nicht Ödipus in seiner Einsamkeit ist. Die Pest endet
zwar, doch auf sie folgt schon bald der Kampf um den
Thron zwischen Kreon, Ödipus' Sohn Polyneikes und
seinem zweiten Sohn Eteokles. Girard zufolge stellt Sophokles den Mythos durchaus in Frage, jedoch niemals
explizit, sodass das Stück vielfach, auch von Harrison und
Murray, als eine *Bühnenversion* des Mythos betrachtet
wurde und nicht, wie es der erklärtermaßen aufmerksame-
re Girard erkennt, als *Herausforderung* an den Mythos.

Schließlich tut der Mythos, der in *Ödipus auf Kolonos* seine Fortsetzung findet, noch mehr, als Ödipus die Schuld an Thebens Leiden zu geben. Er macht ihn im weiteren Verlauf zum Helden. Schon als König verhält Ödipus sich heroisch, indem er es für seine Pflicht hält, der Pest, die seine Untertanen plagt, ein Ende zu machen, indem er schwört, den Schuldigen ausfindig zu machen, und auf seiner eigenen Verbannung besteht, als er feststellt, dass er selbst eben jener Schuldige ist. Doch für Girard ist der wahre Held nicht, wie für Raglan, der gestürzte Ödipus, der sich selbst aufopfert, sondern der erhöhte Ödipus. Selbst als Schuldiger hat Ödipus noch die Macht, Theben zu retten: Genau so, wie seine Anwesenheit die Pest ausgelöst hat, bereitet sein Fortgehen ihr ein Ende. Selbst als Verbrecher ist er noch Held. Er verfügt bereits über die nahezu göttliche Macht, die Pest über die Menschen zu bringen und die Krankheit auch wieder von ihnen zu nehmen.

Doch zum Zeitpunkt von *Ödipus auf Kolonos* hat sich Ödipus' Status verändert und zum Größeren gewandelt. Als er, nach Jahren des Umherirrens, in Kolonos nahe Athen ankommt, wird ihm befohlen, nach Theben zurückzukehren. Das Wohl Thebens hing einst von seiner Verbannung ab, genauso hängt es jetzt von seiner Rückkehr ab. Ödipus lehnt ab: Wie wir erfahren, wollte er in der Folge der Ereignisse von *König Ödipus* eigentlich in Theben bleiben, wurde dann jedoch gewaltsam von Kreon und einigen anderen ins Exil gezwungen. König Theseus bietet Ödipus an, ihm Asyl zu gewähren. Als Gegenleistung verkündet Ödipus, dass seine Grabstätte in Athen die Athener stets gegen Theben schützen werde. Mit einem Wort: Ödipus, der in *König Ödipus* als gottgleicher König von Theben begann, endet in *Ödipus auf Kolonos* als gottgleicher Wohltäter Athens.

Adonis

Im alten Griechenland war psychische Unreife gleichbedeutend mit politischer Unreife: Die Unfähigkeit des
Adonis, erwachsen zu werden, hätte also zugleich bedeutet, dass er unfähig ist, ein reifer Bürger zu werden. Adonis wäre wie geschaffen für jene Regierungsform, die keinerlei Verantwortlichkeit erfordert und von der politischen Unmündigkeit ihrer Untertanen ausgeht: Er wäre
wie geschaffen für eine Tyrannei. Seine Unterwerfung unter die mütterlichen Göttinnen entspricht einer matriar-
chalen Gesellschaft. Nachdem er nur ihn erdrückende
Frauenfiguren erlebt hat, projiziert er diese Eigenschaft
auf alle Frauen und unterwirft sich ihnen damit bedin-
gungslos.

Die Familie ist das Bindeglied zwischen einer Person
und der *polis*, dem Stadtstaat unter Führung der männlichen Bürger. Der Gegensatz, den Herodot zwischen der
griechischen *polis*, in der selbst der Herrscher dem Gesetz
untersteht, und den Diktaturen im Osten eröffnet, in denen der Herrscher über dem Gesetz steht, besitzt auch für
die Familien Gültigkeit.

Herodot belegt das Tyrannentum der östlichen Herrscher, indem er sämtliche Verletzungen vertrauter Sitten
aufzählt. König Kandaules von Sardes befiehlt seinem
Leibwächter Gyges, der Königin heimlich beim Entklei-
den zuzusehen. Anschließend zwingt die Königin Gyges,
ihren Mann zu töten (Herodot 1,8–13). Solon erzählt dem
lydischen König Kroisos, dass der glücklichste Mensch,
den er jemals gesehen hat, ein unbedeutender Athener gewesen sei, der gesunde Söhne hatte und erlebte, wie sie ihrerseits Kinder bekamen. Kroisus hat selbst zwei Söhne,
von denen einer taubstumm ist und der andere – bei der
Eberjagd, wie Adonis – von einem Freund getötet wurde,
der zuvor versehentlich seinen Bruder getötet hat und dafür von seinem Vater verstoßen worden war (Herodot

1,29–34). Der medische König Astyages befiehlt, dass sein Enkel Kyros gleich nach der Geburt getötet werden soll, um zu verhindern, dass der ihn später vom Thron stürzt. Als Rache dafür, dass Harpagos die Tat nicht ausführt, setzt Astyages ihm den eigenen Sohn zum Mahl vor (Herodot 1,116–119). Später stürzt Kyros seinen Großvater tatsächlich vom Thron, tötet ihn jedoch nicht. Kyros' Sohn und Nachfolger, König Kambyses von Persien, heiratet zwei seiner Schwestern, tötet eine von ihnen und ermordet dann auch seinen Bruder. Er verfällt dem Wahnsinn und stirbt ohne Nachkommen (Herodot 3,31–33). In diesem Ton geht es weiter bis zu König Xerxes von Persien, dem Schlimmsten von allen.

Das Privatleben griechischer Tyrannen, die Herodot zwar zur Kenntnis nimmt, jedoch für Anomalien hält, sieht kaum anders aus. So tötet Periander von Korinth seine Ehefrau, stößt seinen Schwiegervater vom Thron und enterbt seinen einzigen, höchst begabten Sohn (Herodot 3,50–52). Und Peisistratos von Athen weigert sich, auf ›normale‹ Weise mit seiner zweiten Frau zu schlafen, weil er einen Fluch fürchtet, der auf ihrer Familie liegt (Herodot 1,61).

Adonis ist nicht fähig, ein mündiger Bürger zu sein, weil er wie die Tyrannen nicht zum Familienleben fähig ist. Zum einen hat er selbst keine Familie: Er bleibt unverheiratet, hat keine Kinder und stirbt jung. Zum anderen wird er auch nicht in eine Familie hineingeboren: Er ist die Frucht einer inzestuösen Verbindung, keiner Ehe, und sein Vater versucht, seine Mutter zu töten. Deshalb bleibt ihm das Bürgertum gleich doppelt verwehrt. Es fehlt ihm nicht nur an Reife, sondern auch an der entsprechenden Abstammung. Letzteres wiederum hat seinen Grund in der Unreife seiner Mutter. Wenn Herodot auf die politische Notwendigkeit hinweist, selbst Familienoberhaupt zu sein, so zeugt der *Staat der Athener* des Aristoteles von der politischen Notwendigkeit, einer Familie zu entstammen: »An der Staatsverwaltung haben diejenigen Anteil, deren Eltern beide Bürger sind [...]«.

Bevor Kleisthenes im Jahr 507 v. Chr. nicht mehr die Abstammung, sondern die Ortsansässigkeit zur Grundlage des Athener Bürgerrechts machte, war die Zugehörigkeit zu einer Phratrie, d. h. einer Verwandtschaftsgruppe, die Grundvoraussetzung für die Erlangung des Bürgerrechts. Sogar nachdem die Deme, bei der es um Ortsansässigkeit ging, die Phratrie als politische Haupteinheit verdrängt hatte, kam dieser doch noch einige Bedeutung zu. Obwohl ein Athener im 4. Jahrhundert durchaus Bürger sein konnte, ohne einer Phratrie anzugehören, war seine Stellung doch ebenso unbequem wie fragwürdig. Zudem wurde auch die Zugehörigkeit zu einer Deme über Vererbung geregelt. Entsprechend blieb das Bürgerrecht eine Frage der Herkunft, wie es auch im *Staat der Athener* heißt, der sich auf die Zeit nach Kleisthenes bezieht.

Die Griechen verbinden Unreife nicht nur mit Politik, sondern auch mit Jagd. Adonis' Glücklosigkeit bei der Jagd wäre somit Symbol seiner Glücklosigkeit beim Versuch, erwachsen zu sein. Er wird zum Gejagten statt zum Jäger, hat keine angemessene Vorstellung von der Jagd und ihren Gefahren. Entweder hält er die Welt insgesamt für mütterlich oder glaubt, er selbst werde durch mütterliche Göttinnen vor ihren Gefahren geschützt. Die Warnung der Venus, dass wilde Tiere weder Jugend noch Schönheit respektieren, stößt bei ihm auf taube Ohren.

So wird die Verbindung von Mensch und Jäger zur Metapher für die Verbindung von Mensch und Bürger. Pierre Vidal-Naquet (geb. 1930) weist darauf hin, dass die Jagd ein wichtiger Teil der zweijährigen militärischen Ausbildung war, der sich, dem *Staat der Athener* zufolge, die athenischen Jünglinge unterziehen mussten, ehe sie das Bürgerrecht erhielten. Vidal-Naquet erläutert weiter, dass diese Jahre einen Initiationsritus darstellten und somit einen Bruch mit dem Leben bedeuteten, das die Jünglinge, die Epheben, bis dahin geführt hatten und später führen würden. Die Epheben verbrachten ihre Zeit also nicht in der Stadt, sondern gewissermaßen an der Front, und sie verbrachten sie miteinander, nicht mit ihren Familien.

Die jungen Epheben, so Vidal-Naquet, widmeten sich vor allem einer bestimmten Art der Jagd, die sich grundsätzlich von der unterschied, die sie schon bald als erwachsene Soldaten bzw. Hopliten unternehmen würden. Als Epheben jagten sie allein, bei Nacht in den Bergen und nur mit Netzen bewaffnet: Um ihre Beute zu fangen, mussten sie sich also auf List verlassen. Als Hopliten würden sie in Gruppen jagen bzw. töten, am Tag in der Ebene und mit Speeren bewaffnet, und sich auf ihren Mut und ihre Fähigkeiten verlassen, um die Beute bzw. den Gegner zu erlegen. Die Unterschiede in der Jagd der Epheben und der Jagd der Hopliten dienten dazu, den Epheben hoplitische Werte nahezubringen.

Vidal-Naquet führt zweierlei Belege für die Verbindung an, die er zwischen der Jagd und dem Ephebentum herstellt. Zunächst zieht er den Mythos heran, der den Apaturia zugrunde liegt, jenem festlichen Brauch, bei dem athenische Familienväter ihre sechzehnjährigen Söhne einerseits als Bürger und Mitglieder der Phratrie und andererseits als Epheben für die nächsten zwei Jahre anmeldeten. Vidal-Naquet versichert, dass der Protagonist des dazugehörigen Mythos, der Athener Melanthos, der ›Schwarze‹, den Epheben als Negativbeispiel dient: Er ist ein Ephebe, der niemals zum Hopliten wurde. Selbst als Erwachsener verlässt er sich noch auf List und Täuschung und nicht auf Kraft und Mut, um seinen Gegner, den böotischen König Xanthos (den ›Blonden‹), zu besiegen.

Weiterhin führt Vidal-Naquet die Gestalt des Melanion an, die Gestalt des Schwarzen Jägers, wie ihn Aristophanes beschreibt:

»Hört! Ein Märchen will ich euch erzählen,
Das ich einst als Knabe selbst gehört:
War einmal ein Jüngling, hieß Melanion,
Wollt' nicht frei'n und ging drum in die Wüste,
Haust' in Berg' und Wäldern,
Jagte Füchs' und Hasen,
Flocht sich Garn und Netze,
Hielt sich einen Jagdhund
Und kam nie hinab nach Haus, vor lauter Haß!
So zum Abscheu waren ihm die Frauen;
Und sie seien's uns nicht minder!
Denn verständig sind wir, wie Melanion!«
            (Aristophanes, *Lysistrate*, Z. 777–788)

Die Verbindung zwischen Melanion und den Epheben besteht sowohl darin, dass Melanion als ebenfalls schwarze
Gestalt alle dunklen Konnotationen des Melanthos teilt,
als auch darin, dass er ein ephebenhafter Jäger ist, der niemals heiratet.

Schließt man nun von Melanthos als Krieger auf Melanion als Jäger, so haben beide mit ihrer Jagd Erfolg, allerdings nur in ihrer jugendlichen Form der Jagd. Im Fall
von Adonis ist dies sehr viel schlimmer: Er versagt in jeglicher Form des Jagens. Damit ist er nicht, wie Melanthos
und Melanion, einfach nur ein Jüngling, der nicht erwachsen wird, sondern ein Säugling, dem es nicht einmal gelingt, zum Kind zu werden. Die Schwere seines Versagens
bei der Jagd ist Zeichen für die Schwere seines Versagens
als Bürger. Der Mythos plädiert also für das Bürgertum,
allerdings über den Umweg eines auffallend negativen
Beispiels.

Zusammenfassung
Die Zukunft der Mythenforschung

Generalisiert man ausgehend von Tylor und Frazer, so waren die Mythentheoretiker im 19. Jahrhundert der Auffassung, Mythen befassten sich ausschließlich mit der physischen Welt. Man betrachtete Mythen als Teil der Religion, und diese wiederum galt als das primitive Gegenstück zur Wissenschaft, die ihrerseits als ganz und gar modern eingestuft wurde. Im 20. Jahrhundert wandte man sich gerade deshalb gegen die Theorien Tylors und Frazers, weil sie Mythos und Wissenschaft in Opposition zueinander stellten und damit traditionelle Mythen ausschlossen, weil sie den Mythos unter die Religion ordneten und damit weltliche Mythen ausschlossen, weil sie die physische Welt für das einzig denkbare mythische Thema hielten und weil sie die Funktion von Mythen als rein erklärend und den Mythos damit als unwahr betrachteten.

Im 20. Jahrhundert reagierte man auf Tylor und Frazer meist damit, abzustreiten, dass Mythen dort verschwinden, wo die Wissenschaft ins Spiel kommt. Die Theorien aus dem 20. Jahrhundert bemühen sich trotzig, den Mythos auch im Angesicht der Wissenschaft zu erhalten. Sie tun dies jedoch nicht, indem sie die Wissenschaft als vorherrschendes Erklärungsmodell der physischen Welt anzweifeln. Sie haben keinen der vergleichsweise leichten Lösungswege beschritten, etwa Wissen zu ›relativieren‹, zu ›soziologisieren‹ oder zu ›mythisieren‹. Stattdessen haben sie den *Mythos selbst* umgedeutet. Entweder befasst sich der Mythos nach wie vor mit der Welt, ist jedoch keine Erklärung. Auf diese Weise erfüllt er eine ganz andere Funktion als die Wissenschaft (Malinowski, Eliade). Oder er wird symbolisch gelesen und hat gar nicht die physische Welt zum Thema (Bultmann, Jonas, Camus). Mitunter ist auch beides der Fall (Freud, Rank, Jung, Campbell). Im 20. Jahrhundert wird der Mythos mit der Wissenschaft versöhnt, indem er selbst und nicht die Wissenschaft umgestaltet wird. Erst gegen Ende des Jahrhunderts, mit dem Aufkommen der Postmoderne, wird auch die Hochachtung vor der Wissenschaft hinterfragt.

Doch warum muss man sich überhaupt die Mühe machen, den Mythos mit der Wissenschaft zu versöhnen, wo doch keine Theorie des 20. Jahrhunderts die Vorherrschaft der Wissenschaft ernsthaft anzweifelt? Warum schließt man sich nicht einfach der Sichtweise des 19. Jahrhunderts an und verzichtet zugunsten der Wissenschaft auf den Mythos? Die Antwort des 20. Jahrhunderts auf diese Frage lautet, dass eine Beschränkung auf eine wörtliche Erklärung physikalischer Ereignisse einerseits (Tylor) und eine symbolische Beschreibung dieser Ereignisse andererseits (Frazer) die vielfältigen anderen, im Mythos enthaltenen *Funktionen* und *Bedeutungen* nicht ausreichend berücksichtigt. Der vielsagendste Beleg für das Vorhandensein solcher weiterer Funktionen und Bedeutungen ist die schlichte Tatsache, dass es immer noch Mythen gibt. Hätten Tylor und Frazer Recht, wären diese längst ausgestorben.

D. W. Winnicott

Im 21. Jahrhundert stellt sich die Frage, ob der Mythos in die äußere Welt zurückgeholt werden kann, ohne dabei allzu leichtfertig auf die Autorität der Wissenschaft zu verzichten. Versuchsweise möchte ich die Spiel-Analysen des englischen Kinderpsychiaters und Psychoanalytikers D. W. Winnicott (1896–1971) auf den Mythos anwenden, um dieses Problem zu umgehen.

Spiel, so Winnicott, wird als von der Wirklichkeit unterschieden *erkannt*: Kinder geben zu, dass sie nur spielen.

Das Spiel gewährt sich selbst das Recht, einen Löffel als Eisenbahn zu betrachten. Für die Eltern ist es ausgeschlossen, daran zu zweifeln, dass dieser Löffel tatsächlich ein Zug ist. Sobald das Spiel vorbei ist, wird aus dem Zug wieder ein einfacher Löffel. Dabei ist Spielen jedoch weit mehr als Fantasterei oder Eskapismus: Es konstruiert eine Realität voll persönlicher Bedeutung. Es nimmt einen Gegenstand aus der Alltagswelt, einen Löffel, und macht mehr daraus – einen Zug.

Gartenarbeit und Kochen sind für Winnicott in typisch englischer Manier Fortsetzungen des Spiels in der Erwachsenenwelt, da in beiden Fällen eine Welt mit persönlicher Bedeutung aus Elementen der äußeren Welt geschaffen wird. Zusätzlich führt er Kunst und Religion an, da in beiden Fällen eine eigene Welt mit sehr viel tieferer Bedeutung geschaffen wird:

> »Ich gehe hier von der Annahme aus, daß die Aufgabe der Annahme der Realität niemals zu Ende geführt wird, daß kein Mensch der Anstrengung enthoben ist, die innere und die äußere Realität zueinander in Beziehung zu setzen, und daß ein Zwischenbereich des Erlebens, der nicht in Frage gestellt wird (Kunst, Religion usw.), Befreiung von dieser Anstrengung bietet [...]. Dieser Zwischenbereich steht in direktem Zusammenhang mit dem Spielbereich des Kleinkindes, das in sein Spiel ›vertieft‹ ist.« (Winnicott, »Übergangsobjekte und Übergangsphänomene«, S. 309)

In Winnicotts Terminologie ist das Spielen eine »Übergangs«-Aktivität. Es stellt den Übergang dar von der Kindheit zum Erwachsensein, von der inneren Welt der Fantasie zu einer äußeren Realität und von der bekannten äußeren Welt zu einer unbekannten. Kinder klammern sich an physische Objekte, beispielsweise einen Teddybären, um sich eine sichere Welt zu erschaffen, die ihnen dann eine beherzte Erforschung der äußeren ermöglicht. Auf ähnliche Weise klammert sich der Erwachsene an internalisierte Objekte, sei es ein Hobby, ein Interessengebiet, ein Wert oder, wie ich vorschlagen möchte, ein Mythos. Diese befähigen ihn dazu, sich mit einer sehr viel umfassenderen Welt auseinanderzusetzen. Und wie das Kind weiß, dass der Teddybär nicht Mama ist, sich aber dennoch so an ihn klammert, als ob er es wäre, erkennt auch der Erwachsene, dass der Mythos nicht die Realität ist, hält jedoch daran fest, als ob er Realität wäre. Mythen sind Wunschvorstellungen.

Zweifellos werden nicht alle Mythen als Wunschvorstellungen verstanden. Manche können vermutlich nur als unwiderlegbare Wahrheiten angesehen werden, so zum Beispiel Mythen vom bevorstehenden Ende der Welt. Andere lassen sich sicherlich auf beide Arten, also als Wunschvorstellung oder als Abbild der Welt, verstehen, beispielsweise der Glaube an den Fortschritt, an Ideologien oder Weltanschauungen wie den Marxismus. Betrachtet man sie als Illusionen, dienen solche Mythen als Leitlinien und nicht so sehr als Darstellungen der Welt.

In diese Kategorie fällt auch der Mythos ›Vom Tellerwäscher zum Millionär‹ – natürlich nur unter der Voraussetzung, dass sich ein derart einfaches Bekenntnis bereits als Mythos qualifiziert. Natürlich kann ein solches Bekenntnis auch als Dogma betrachtet werden, wie es erstaunlicherweise ja in aller Welt und nicht nur in Amerika der Fall ist. Es kann zu Frustrationen und gegenseitigen Beschuldigungen führen, wenn es sich nicht bewahrheitet. Doch der Mythos kann auch als Wunschvorstellung betrachtet werden, also keineswegs als falsche, sondern als erhoffte Charakterisierung des Lebens in Amerika. Amerika wird dabei so gesehen, als ob es tatsächlich das Land der unbegrenzten Möglichkeiten wäre. Die aktuelle Verkörperung dieses Mythos ist Anthony Robbins, ein Spitzenverkäufer in Sachen persönlicher Erfolg. Sein Mythos ist eine Geschichte, nämlich die Geschichte seines eigenen Aufstiegs vom Verlierer zum Gewinner. Was nach Robbins' Ansicht andere davon abhält, ebenfalls erfolgreich zu sein? Sie versuchen es gar nicht erst.

Zugegeben, auch Robbins' Mythos handelt weiterhin von der gesellschaftlichen und nicht von der physischen Welt. Viel besser eignen sich die Biographien derer, denen geradezu göttliche Kräfte zugeschrieben werden: Gemeint sind Prominente. Sie führen nicht nur Kampagnen für die Beseitigung von Armut, Rassismus und anderen gesellschaftlichen Missständen, sondern engagieren sich auch gegen Umweltverschmutzung und globale Erwärmung und für den Artenschutz. Sie setzen Dinge durch, an denen ganze Länder, ja sogar die Vereinten Nationen scheitern.

An der Spitze aller Prominenten stehen die Hollywoodstars. Entsprechend der verbreiteten Konzeption von Gott, wie sie sich bei Homer und auch im Alten Testament findet, begegnet man ihnen so gut wie nie persönlich. Sieht man sie auf der Leinwand, sind sie überlebensgroß, zu allem in der Lage, sie verkleiden sich und werden unsterblich durch ihre Filme. Ihre Eigenschaften werden so übertrieben, dass sie geradezu übermenschlich werden: Sie sind nicht nur tapfer, sondern furchtlos, nicht nur menschenfreundlich, sondern schon fast heilig, nicht nur stark, sondern allmächtig, und nicht nur weise, sondern allwissend.

Skeptiker könnten nun einwenden, dass Götter auch im Privaten noch Götter, Filmstars hingegen nur auf der Leinwand Stars und im Privatleben ganz normale Menschen sind. Doch für die meisten Fans existiert eine solche Unterscheidung nicht. Von den Eigenschaften auf der Leinwand wird erwartet, dass sie mit denen jenseits der Leinwand identisch sind. Und tatsächlich wird von Filmstars häufig angenommen, dass sie im Film sich selbst spielen und einfach nur so handeln, wie sie selbst in den entsprechenden Situationen handeln würden. Fans sind oft zutiefst erschüttert, wenn sie erfahren, dass ihre Lieblingsschauspieler im ›richtigen Leben‹ hinter ihren Rollen zurückbleiben. Augenfällig wird das am Beispiel des nicht besonders groß gewachsenen Mel Gibson. Robert Mitchum musste seinen Fans einschärfen, keine militärischen Strategien von ihm zu erwarten. Greta Garbo führte ein Einsiedlerleben, um ihr jugendliches Image zu bewahren. Homosexuelle Hollywoodschauspieler wagen kein Coming-out, da sie sonst Gefahr laufen, nicht mehr für heterosexuelle Rollen besetzt zu werden. Tom Cruise ist von Berufs wegen dazu verpflichtet, jeden zu verklagen, der ihn als schwul bezeichnet.

Man könnte sagen: Götter werden geboren, Filmstars werden gemacht. Und man weiß nur zu genau, wie launenhaft eine solche Karriere sein kann. Doch die meisten Fans glauben offensichtlich, dass auch Filmstars geboren und nicht gemacht werden. Lana Turner wurde zum ersten Mal gesichtet, als sie ganz unschuldig ein Milkshake in Schwab's Drugstore auf dem Hollywood Boulevard trank: Sie wurde nicht erfunden, sondern entdeckt.

Man könnte auch sagen: Filmstars können nicht, wie Götter, einfach tun und lassen, was sie wollen. Doch die meisten Fans gehen offenbar davon aus, dass die Gesetze, die uns andere binden, ihren Stars nichts anhaben können. Entsprechend schockiert reagieren sie, wenn ihre Lieblinge verhaftet werden, sei es wegen Drogenkonsums (Robert Downey, Jr.), Ladendiebstahls (Winona Ryder) oder gar Pädophilie (Michael Jackson).

Es ist ein Klischee, das besagt, dass heutige Filmstars ein sehr viel breiteres Repertoire von Charakteren bieten und ebenso viele Antihelden wie Helden darunter sind. Doch die größten Kassenmagneten, ob sie nun männlich oder weiblich sind, verkörpern auf der Leinwand immer noch Heldenrollen und verdanken es ihrem Aussehen, nicht ihren schauspielerischen Fähigkeiten, dass sie dort stehen, wo sie stehen.

Die Begriffe, mit denen die Bewunderung der Fans bezeichnet wird, sprechen für sich: Stars werden »vergöttert«, »angebetet«. Und die Größten unter ihnen werden sogar »Götter« genannt. Sie sind »Stars«, Sterne, und als solche erstrahlen sie hell an einem Himmel, der sich hoch über uns aufspannt. Ihre Fans lassen sich vom Licht dieser Sterne blenden.

Meinem Argument, dass Filmstars moderne Götter sind, könnte man vernünftigerweise entgegenhalten, dass heutzutage kein Mensch mehr solchem Medienrummel traut. Niemand glaubt mehr daran, dass Hollywoodstars so vollkommen anders sind als wir normalen Sterblichen. Sie haben vielleicht mehr Geld zur Verfügung, doch sind sie denselben Schwierigkeiten und Kümmernissen ausgesetzt wie wir alle. Es verkauft sich nichts besser als nicht autorisierte Biographien, die den Star zurück auf den Boden der Tatsachen holen. Selbst wenn man sonst nichts gelten lässt, so hat doch die Enthüllung der Fallhöhe zwischen dem Rock Hudson auf der Leinwand, dem heterosexuellen Sexsymbol, und dem von seiner AIDS-Erkrankung gezeichneten Rock Hudson jenseits der Leinwand den Unterschied zwischen Film-Image und realer Person auf drastische Weise klargemacht.

Dennoch ist diese nüchterne Betrachtung heutiger Fans naiv. Fans vergöttern ihre Stars weiterhin, beten sie weiterhin an – und zwar nicht deshalb, weil sie frei von Fehlern wären, sondern *trotz* ihrer Fehler. Die Fehler werden entweder geleugnet oder einfach nicht beachtet. Fans wissen durchaus Bescheid, doch vieles wollen sie gar nicht wissen, oder sie kümmern sich nicht darum. Ihre Hingabe geschieht dabei nicht gedankenlos, sondern ganz bewusst. Sie ist keine Leichtgläubigkeit, sondern, nach Winnicott, eine absichtlich erzeugte Illusion. Sie setzt die bewusste Entscheidung voraus, sich von anders lautenden Informationen nicht weiter beeindrucken zu lassen.

Kinobesuche leisten der Vergötterung von Filmstars

Vorschub. Das Kino schließt die äußere Welt aus und ersetzt sie durch eine ganz eigene Welt. Je wirkungsvoller ein Film ist, desto mehr vergessen die Zuschauer, wo sie sich befinden, und träumen sich in die Zeit und an den Schauplatz des Films. Im Film sind Dinge erlaubt, die im sprichwörtlichen ›wahren Leben‹ niemals passieren. Wie im Himmel, so ist auch im Film alles möglich. Der Satz »Das gibt's nur im Film« spricht für sich. Im Kino wird der Zweifel willig aufgegeben. Man erklärt sich bereit, mitzu*spielen*. Und der eigentliche Lohn eines Kinobesuchs besteht in der Begegnung mit den Schauspielern, auch wenn sie nur auf der Leinwand stattfindet. Ein Kinobesuch ist wie ein Kirchgang: Man begibt sich an den begrenzten, in sich geschlossenen Ort, an dem Gott am ehesten zu finden ist. Ein Kinobesuch kombiniert Mythos und Ritual und bringt die Götter – und damit die Mythen – zurück in die Welt. Und das geschieht ganz ohne Ablehnung der Wissenschaft.

Abbildungsnachweis

1 »Venus und Adonis«. Gemälde von Rubens. © 2003 The Metropolitan Museum of Art, New York. Schenkung von Harry Payne Bingham, 1937. Alle Rechte vorbehalten
2 E. B. Tylor. Portrait von G. Bonavia. © Archivo Iconografico, S. A. / Corbis
3 Sisyphos im Tartarus. Stich von B. Picart aus dem 18. Jh. © Historical Picture Archive / Corbis
4 Mircea Eliade, Paris 1978. © Photos12.com / Carlos Freire
5 John F. Kennedy, Jr. auf dem Titelblatt der Us Weekly im Juni 2000. © Reuters 2000
6 »George Washington vor Yorktown«, 1824/25. Gemälde von Rembrandt Peale. © The Corcoran Gallery of Art / Corbis
7 Der Fruchtbarkeitstanz »Grünes Korn« der nordamerikanischen Minnitarees. Illustration von George Catlin aus dem 19. Jh. Mary Evans Picture Library
8 Die Jagd auf den Kalydonischen Eber. Lakedämonisch-griechische Tasse aus Cerveteri (Italien), 6. Jh. v. Chr. © The Art Archive / Louvre / Dagli Orti
9 Der Herzog und die Herzogin von Windsor an ihrem Hochzeitstag im Juni 1937, nach der Abdankung von Edward. © Bettmann/Corbis
10 Sigmund Freud. © Corbis
11 C. G. Jung. Mary Evans Picture Library
12 Claude Lévi-Strauss. © Veldman Annemiek / Corbis Kipa
13 Bronislaw Malinowski, um 1935. © Hulton-Deutsch Collection / Corbis

Textnachweise

Kapitel 1

Lutherbibel, revidierter Text 1984. – © 1985 Deutsche Bibelgesellschaft, Stuttgart.

Lucien Lévy-Bruhl: Das Denken der Naturvölker. Übers. von Wilhelm Jerusalem. Wien [u. a.]: Braumüller, 1926. S. 327 f. – © Braumüller Verlag, Wien.

Claude Lévi-Strauss: Das wilde Denken. Übers. von Hans Naumann. Frankfurt a. M.: Suhrkamp, 1980. S. 27. – Mit Genehmigung des Suhrkamp Verlags, Frankfurt am Main.

Karl Popper: Vermutungen und Widerlegungen. Bd. 1. Tübingen: Mohr, 1994. S. 185. – © The Estate of Karl Popper 1994. Mit Genehmigung von Melitta Mew, The Estate of Sir Karl Popper.

Kapitel 2

Ernst Cassirer: Philosophie der symbolischen Formen. Zweiter Teil. Das mythische Denken. Gesammelte Werke. Hamburger Ausgabe. Hrsg. von Birgit Recki. Bd. 12. Hamburg: Meiner, 2002. S. 26. – © Felix Meiner Verlag, 2006.

Ernst Cassirer: Vom Mythus des Staates. Hamburg: Meiner, 2002. S. 388. (Philosophische Bibliothek. Bd. 541.) – © Felix Meiner Verlag.

Kapitel 3

Rudolf Bultmann: Neues Testament und Mythologie. In: Hans-Werner Bartsch (Hrsg.): Kerygma und Mythos. Hamburg-Bergstedt: Reich, 1967. S. 15. – Mit Genehmigung von Gesine Diesselhorst, Göttingen.

Rudolf Bultmann: Jesus Christus und die Mythologie. Übers. von Ursel Gwinnie Richter. Hamburg: Furche, 1965. S. 17. – Mit Genehmigung von Gesine Diesselhorst, Göttingen.

Mircea Eliade: Das Heilige und das Profane. Übers. von Eva Moldenhauer. Frankfurt a. M.: Insel, 1985 / Suhrkamp, 1990. S. 177. – Mit Genehmigung des Suhrkamp Verlags, Frankfurt am Main.

Kapitel 4

James George Frazer: Der goldene Zweig. Das Geheimnis von Glauben und Sitten der Völker. Deutsch von Helen von Bauer. Reinbek bei Hamburg: Rowohlt, 1989. S. 392, 472 f. – © 1968 by Verlag Kiepenheuer & Witsch Köln. Mit Genehmigung des Verlags Kiepenheuer & Witsch, Köln.

Kapitel 6

Sigmund Freud: Die Traumdeutung. Frankfurt a. M.: Fischer, 1991. S. 269 f. – © 1942 Imago Publishing Co., Ltd., London. Alle Rechte vorbehalten S. Fischer Verlag GmbH, Frankfurt am Main.

Otto Rank: Der Mythus von der Geburt des Helden. Nachdr. der 2. Aufl. Wien: Turia + Kant, 2000. S. 77. – © The Estate of Otto Rank, Becket, Mass., USA. © Verlag Turia + Kant, Wien 2000.

Joseph Campbell: Der Heros in tausend Gestalten. Übers. von Karl Koehne. Frankfurt a. M.: Suhrkamp, 1978. S. 36, 62. – Mit Genehmigung des Suhrkamp Verlags, Frankfurt am Main.

Kapitel 7

Claude Lévi-Strauss: Mythologica. Bd. 1: Das Rohe und das Gekochte. Übers. von Eva Moldenhauer. Frankfurt a. M.: Suhrkamp, 1971. S. 23 f. – Mit Genehmigung des Suhrkamp Verlags, Frankfurt am Main.

Claude Lévi-Strauss: Die Struktur der Mythen. In: C. L.-St.: Strukturale Anthropologie. Übers. von Hans Naumann. Kap. 11. Frankfurt a. M.: Suhrkamp, 1977. S. 238. – Mit Genehmigung des Suhrkamp Verlags, Frankfurt am Main.

Kapitel 8

Georges A. Sorel: Über die Gewalt. Übers. von Ludwig Oppen-
heimer. Frankfurt a. M.: Suhrkamp, 1981. S. 30 f. – Mit Geneh-
migung des Suhrkamp Verlags, Frankfurt am Main.
René Girard: Das Heilige und die Gewalt. Übers. von Elisabeth
Mainberger-Ruh. Düsseldorf: Patmos, 1994 (Neuaufl. 2006).
S. 108 f., 126. – © Patmos Verlag GmbH & Co. KG, Düsseldorf.
Die französische Originalausgabe erschien erstmals 1972 im
Verlag Grasset & Fasquelle, Paris. © Grasset & Fasquelle, 1972.

Zusammenfassung

D. W. Winnicott: Übergangsobjekte und Übergangsphänomene.
In: D. W. W.: Von der Kinderheilkunde zur Psychoanalyse.
Übers. von Gudrun Theusner-Stamper. Kap. 18. München:
Kindler, 1976. S. 309. – Mit Genehmigung des Psychosozial-
Verlags, Gießen. © für die Übersetzung by Kindler Verlag
GmbH. Mit Genehmigung des Rowohlt Verlags, Reinbek.

Literaturhinweise

Die Hinweise sind in der Reihenfolge verzeichnet, in der sie im jeweiligen Kapitel vorkommen.

Einleitung

Zur langen Tradition von Mythentheorien vgl. etwa Richard Chase, *Quest for Myth*, Baton Rouge: Louisiana State University Press, 1949, Kapitel 1; Jan de Vries, *Forschungsgeschichte der Mythologie*, Freiburg i. Br.: Alber, 1961, Kapitel 1.

Zu Parallelen zwischen früheren und modernen sozialwissenschaftlichen Theorien vgl. Burton Feldman / Robert D. Richardson, *The Rise of Modern Mythology, 1680–1860*, Bloomington: Indiana University Press, 1972, S. xxii f.

John Beattie, *Other Cultures*, New York: Free Press, 1964.

Eine typisch folkloristische Klassifizierung von Geschichten findet man bei William Bascom, »The Forms of Folklore: Prose Narratives«, in: *Journal of American Folklore* 78 (1965) S. 3–20; zur Verschwommenheit dieser Kategorien vgl. Stith Thompson, *The Folktale*, Berkeley: University of California Press, 1977 ([1]1946), S. 303.

William D. Rubinstein, *The Myth of Rescue: Why the Democracies Could Not Have Saved More Jews from the Nazis*, London / New York: Routledge, 1987.

Apollodorus, *Götter und Helden der Griechen*, übers. von Kai Brodersen, Darmstadt: Wissenschaftliche Buchgesellschaft, 2004; Ovid, *Metamorphosen*, übers. von Hermann Breitenbach, Stuttgart: Reclam, 1990.

Für eine skeptische Sicht auf die Universalität solcher Theorien vgl. Stith Thompson, »Myth and Folktales«, in: *Journal of American Folklore* 68 (1955) S. 482–488; G. S. Kirk, *Myth*, Berkeley: University of California Press, 1970, S. 7.

Kapitel 1

Zur Geschichte des »Kreationismus« vgl. Ronald L. Numbers, *The Creationists*, Berkeley: University of California Press, 1992. Zur wissenschaftlichen Neuinterpretation des Noah-Mythos vgl. etwa William Ryan / Walter Pitman, *Sintflut: Ein Rätsel wird entschlüsselt*, übers. von Andrea Kamphuis, Bergisch Gladbach: Lübbe, 1999; eine hervorragende Sammlung der verschiedenen theoretischen Ansätze zu Sintflutgeschichten aus aller Welt findet sich bei Alan Dundes (Hrsg.), *The Flood Myth*, Berkeley: University of California Press, 1988.

Die zitierten Passagen zu den ägyptischen Plagen beziehen sich auf Herbert G. May / Bruce M. Metzger (Hrsg.), *The New Oxford Annotated Bible with the Apocrypha*, überarbeitete Standardausgabe, New York: Oxford University Press, 1977 (1962); die Originalzitate finden sich dort auf S. 75. Ein vergleichbarer Versuch einer natürlichen Erklärung nicht-biblischer Mythen findet sich bei Samuel Noah Kramer, *Sumerian Mythology*, überarbeitete Aufl. New York: Harper & Row, 1961 (¹1944).

Der klassische Versuch, die theologische Erklärung der Plagen nicht durch eine wissenschaftliche zu ersetzen, sondern beide miteinander zu vereinbaren, stammt von dem jüdisch-existentialistischen Philosophen Martin Buber. Für ihn schreibt der Gläubige durch seinen Glauben all das göttlichem Einwirken zu, was sich, wie er selbst weiß und zugibt, ohne Weiteres auch wissenschaftlich erklären ließe. Vgl. Martin Buber, *Moses*, Gütersloh: Gütersloher Verlagshaus, 1994. Buber ist das jüdische Gegenstück zu Rudolf Bultmann, der im 2. Kapitel besprochen wird.

Den klassischen Nachweis von Wissenschaft im Mythos führen Giorgio de Santillana und Hertha von Dechend in: *Die Mühle des Hamlet. Ein Essay über Mythos und das Gerüst der Zeit*, übers. von Beate Ziegs, Wien [u. a.]: Springer, 1994.

Das zitierte Werk stammt von Andrew Dixon White, *A History of the Warfare of Science with Theology in Christendom* (1986), gekürzt von Bruce Mazlish, New York: Free Press, 1965; eine objektivere Korrektur findet sich bei John Hedley Brooke, *Science and Religion*, Cambridge: Cambridge University Press, 1991.

Edward Burnett Tylors bekanntestes Werk ist *Primitive Culture*, 2 Bde., 1. Aufl. London: Murray, 1871. Die Zitate sind dem Nachdruck der 5. Auflage von 1913 entnommen (New York:

Harper Torchbooks, 1958); das genannte Werk von Stephen Jay Gould ist *Rocks of Ages*, London: Vintage, 2002 (1999). Zur möglichen Abgrenzung von Wissenschaft und Mythos vgl. Robert A. Segal, *Theorizing about Myth*, Amherst: University of Massachusetts Press, 1999, S. 7 ff.

Einen erfrischend vernünftigen, postmodernen mythentheoretischen Ansatz bietet Laurence Coupe, *Myth*, London / New York: Routledge, 1997.

Für eine moderne, an Tylor angelehnte Perspektive vgl. David Bidney, *Theoretical Anthropology*, 2. Aufl. New York: Schocken, 1967 ([1]1953), Kapitel 10, sowie »Myth, Symbolism and Truth«, in: *Journal of American Folklore* 68 (1955) S. 379–392.

Zum Begriff des »Euhemerismus« vgl. Joseph Fontenrose, *The Ritual Theory of Myth*, Berkeley: University of California Press, 1966, S. 20 ff.

Friedrich Max Müller, »Comparative Mythology« (1856), in: F. M. M., *Chips from a German Workshop*, London: Longmans/ Green, 1867, S. 1–141.

Ein Theologe, der davon ausgeht, dass das 1. Buch Mose beileibe kein Schöpfungsbericht ist, findet sich in Langdon Gilkey, *Der Himmel und Erde gemacht hat*, übers. von Eva Zahn, München: Claudius, 1971.

James George Frazer, *Der goldene Zweig. Das Geheimnis von Glauben und Sitten der Völker*, übers. von Helen von Bauer, Reinbek b. Hamburg: Rowohlt, 1989 (1922).

Hans Blumenberg, *Arbeit am Mythos*, Frankfurt a. M.: Suhrkamp, 1979.

Lucien Lévy-Bruhl, *Das Denken der Naturvölker*, übers. von Wilhelm Jerusalem, Wien [u. a.]: Braumüller, 1966 (1926).

Bronislaw Malinowski, »Magie, Wissenschaft und Religion« (1925) und »Der Mythos in der Psychologie der Primitiven« (1926), in: B. M., *Magie, Wissenschaft und Religion und andere Schriften*, übers. von Eva Krafft-Bassermann, Frankfurt a. M.: S. Fischer, 1973 (1948).

Claude Lévi-Strauss, *Das wilde Denken*, übers. von Hans Naumann, Frankfurt a. M.: Suhrkamp, 1973 (1966); *Mythos und Bedeutung*, Frankfurt a. M.: Suhrkamp, 1980; André Akoun [u. a.], »A Conversation with Claude Lévi-Strauss«, in: *Psychology Today*, 5 (Mai 1972) S. 36–39, 74–82.

Robin Horton, »African Traditional Thought and Western Science«, in: *Africa* 37 (1967) S. 50–71 (Teil I) und S. 155–187 (Teil II).

Stewart Guthrie, *Faces in the Clouds*, New York / Oxford: Oxford University Press, 1993.

Karl Popper, *Vermutungen und Widerlegungen*, 2 Bde., Tübingen: Mohr, 1994 bzw. 1997; *Die Welt des Parmenides*, München: Piper, 2001.

F. M. Cornford, *From Religion to Philosophy*, London: Arnold, 1912; *Principium Sapientiae*, hrsg. von W. K. C. Guthrie, Cambridge: Cambridge University Press, 1953, Kapitel 1–11.

Kapitel 2

Paul Radin, *Primitive Man as Philosopher*, 2. Aufl. New York: Dover, 1957 ([1]1927); *Gott und Mensch in der primitiven Welt*, übers. von Margherita von Wyss, Zürich: Rhein-Verlag, 1954, Kapitel 3.

Ernst Cassirer, *Philosophie der symbolischen Formen*, 3 Bde., hrsg. von Birgit Recki, Hamburg: Meiner, 2001/02; *Der Mythus des Staates*, Zürich/München: Artemis, 1978; zur Frage des politischen Mythen vgl. auch *Symbol, Myth, and Culture*, hrsg. von Donald Phillip Verene, New Haven: Yale University Press, 1979, S. 219–267.

Henri Frankfort / H. A. Frankfort [u. a.], *Frühlicht des Geistes. Wandlungen des Weltbildes im alten Orient*, übers. von Peter Dülberg, Stuttgart: Kohlhammer, 1954.

Rudolf Bultmann, »Neues Testament und Mythologie« (1941), in: Hans-Werner Bartsch (Hrsg.), *Kerygma und Mythos*, Hamburg-Bergstedt: Reich, 1967, S. 15–48; *Jesus Christus und die Mythologie*, übers. von Ursel Gwinnie Richter, Hamburg: Furche, 1965; Hans Jonas, *Gnosis und spätantiker Geist*, Göttingen: Vandenhoeck & Rupprecht, 1964 (1934) und 1993 (1954); *Gnosis. Die Botschaft des fremden Gottes*, Frankfurt a. M.: Insel, 1999 (1958), Epilog.

Zum Sisyphos-Mythos vgl. Albert Camus, *Der Mythos von Sisyphos*, übers. von Hans Georg Brenner und Wolfdietrich Rasch, Reinbek b. Hamburg: Rowohlt, 1962; Homer, *Odyssee*, übers. von Johann Heinrich Voß, München: Goldmann, 1991, S. 139.

Kapitel 3

Bultmann, »Neues Testament und Mythologie« und *Jesus Christus und die Mythologie* (siehe Hinweise zu Kap. 2).

Jonas, *Gnosis* (siehe Hinweise zu Kap. 2); Jonas ist nicht der einzige Philosoph, der den Gnostizismus auf den neuesten Stand bringen möchte. Der politische Philosoph Eric Voegelin bemüht sich zu zeigen, wie in modernen Strömungen, beispielsweise im Positivismus, im Marxismus, im Kommunismus, im Faschismus und in der Psychoanalyse, die sogenannte »gnostische Haltung« zum Ausdruck kommt. Siehe Voegelin, *Wissenschaft, Politik und Gnosis*, München: Kösel, 1959, sowie *Die neue Wissenschaft der Politik*, übers. von Ilse Gattenhof, München: A. Pustet, 1965 (1952).

Zu Norman Schwarzkopf siehe Jack Anderson / Dale Van Atta, *Stormin' Norman: An American Hero*, New York: Zebra Books, 1971.

Mircea Eliade, *Mythos und Wirklichkeit*, übers. von Eva Moldenhauer, Frankfurt a. M.: Insel, 1988; *Das Heilige und das Profane*, Übers. überarb. von Eva Moldenhauer, Frankfurt a. M.: Insel, 1985.

Zu John F. Kennedy, Jr. siehe beispielsweise Wendy Leigh, *Prince Charming*, New York: New American Library, 2000; Christopher Anderson, *The Day John Died*, New York: William Morrow, 2000; Richard Blow, *American Son*, New York: Henry Holt, 2002.

Zu George Washington siehe Barry Schwartz, *George Washington*, New York: Free Press, London: Collier Macmillan, 1987. Die Bestseller-Biographie von Mason Weems, die fast an Heiligenverehrung grenzt, enthält die Anekdote, dass der von Grund auf ehrliche kleine George nicht lügen konnte, als er gefragt wurde, wer den Kirschbaum seines Vaters gefällt habe. Siehe Weems, *The Life of Washington*, 9. Aufl., hrsg. von Peter S. Onuf, Marmonk: Sharpe, 1996 ([1]1800; [9]1809), S. 9 f.

Kapitel 4

William Robertson Smith, *Lectures on the Religion of the Semites*, Bd. 1, 1. Aufl. Edinburgh: Black, 1889, Erste Vorlesung.

Tylor, *Primitive Culture*, Bd. 2, Kapitel 18 (siehe Hinweise zu Kap. 1); Frazer, *Der goldene Zweig* (siehe Hinweise zu Kap. 1), v.a. die Kapitel 29–33 (erstes mythisch-rituelles Szenario) sowie 6–8 und 24 (zweites mythisch-rituelles Szenario).

Jane Ellen Harrison, *Themis*, 1. Aufl. Cambridge: Cambridge University Press, 1912; *Alpha and Omega*, London: Sidgwick & Jackson, 1915, Kapitel 6; *Epilegomena to the Study of Greek Religion*, Cambridge: Cambridge University Press, 1921. Zum Thema Mythos und Kunst siehe *Ancient Art and Ritual*, New York: Holt / London: Williams and Norgate, 1913.

S. H. Hooke, »The Myth and Ritual Pattern of the Ancient East«, in: S. H. H. (Hrsg.), *Myth and Ritual*, London: Oxford University Press, 1933, Kapitel 1; Einleitung zu S. H. H. (Hrsg.), *The Labyrinth*, London: SPCK / New York: Macmillan, 1935, S. v–x; *The Origins of Early Semitic Ritual*, London: Oxford University Press, 1938; »Myth and Ritual: Past and Present«, in: S. H. H. (Hrsg.), *Myth, Ritual, and Kingship*, Oxford: Clarendon Press, 1958, Kapitel 1.

Gregory Nagy, »Can Myth Be Saved?«, in: Gregory Schrempp / William Hansen (Hrsg.), *Myth*, Bloomington: Indiana University Press, 2002, Kapitel 15. Siehe auch Edmund Leach, *Political Systems of Highland Burma*, Boston: Beacon, 1965 (1954); »Ritualization in Man«, in: *Philosophical Transactions of the Royal Society* 251 (1966), Serie B, Nr. 772, S. 403–408.

Gilbert Murray, »Excursis on the Ritual Forms Preserved in Greek Tragedy«, in: Harrison, *Themis*, S. 341–363; *Euripides und seine Zeit*, übers. von Gertrud und Erich Bayer, Darmstadt: Gentner, 1957 (1913); *Aischylos*, eingeleitet und hrsg. von Siegfried Melchinger, München: Deutscher Taschenbuch Verlag, 1967 (1940); »Dis Geniti«, in: *Journal of Hellenic Studies* 71 (1951) S. 120–128. Zum Thema Mythos und Literatur siehe »Hamlet and Orestes: A Study in Traditional Types«, in: *Proceedings of the British Academy* 6 (1913/14) S. 389–412.

F. M. Cornford, »The Origin of the Olympic Games«, in: Harrison, *Themis*, Kapitel 7; *The Origin of Attic Comedy*, London: Arnold, 1914; »A Ritual Basis for Hesiod's *Theogony*« (1941), in: F. M. C., *The Unwritten Philosophy and Other Essays*, hrsg. von W. K. C. Guthrie, Cambridge: Cambridge University Press, 1950, S. 95–116; *Principium Sapientiae*, hrsg. von W. K. C. Guthrie, Cambridge: Cambridge University Press, 1952, S. 191–256.

A. B. Cook, *Zeus*, 3 Bde. in 5 Bdn., Cambridge: Cambridge University Press, 1914–40.

Ivan Engnell, *Studies in Divine Kingship in the Ancient Near East*, 1. Aufl. Uppsala: Almqvist & Wiksells, 1943; *A Rigid Scrutiny*, übers. und hrsg. von John T. Willis, Nashville: Vanderbilt University Press, 1969 (später umbenannt in: *Critical Essays on the Old Testament*, London: SPCK, 1970).

Aubrey R. Johnson, »The Role of the King in the Jerusalem Cults«, in: Hooke (Hrsg.), *The Labyrinth*, S. 73–111; »Hebrew Conceptions of Kingship«, in: Hooke (Hrsg.), *Myth, Ritual and Kingship*, S. 204–235; *Sacral Kingship in Ancient Israel*, 1. Aufl. Cardiff: University of Wales Press, 1955.

Sigmund Mowinckel, *The Psalms in Israel's Worship*, 2 Bde., übers. von D. R. Ap-Thomas, New York: Abingdon, 1962; *He That Cometh*, übers. von G. W. Anderson, Nashville: Abingdon, 1954, Kapitel 3.

Malinowski, »Der Mythos in der Psychologie der Primitiven«, »Magie, Wissenschaft und Religion« (siehe Hinweise zu Kap. 1); »The Role of Myth in Life«, in: *Psyche* 6 (1926) S. 29–39; Ivan Strenski (Hrsg.), *Malinowski and the Work of Myth*, Princeton: Princeton University Press, 1992.

Eliade, *Das Heilige und das Profane*, Kapitel 2; *Mythos und Wirklichkeit* (siehe Hinweise zu Kap. 3).

Zur Anwendung der Mythentheorie auf Literatur vgl. Jessie L. Weston, *From Ritual to Romance*, Cambridge: Cambridge University Press, 1920; E. M. Butler, *The Myth of the Magus*, Cambridge: Cambridge University Press / New York: Macmillan, 1948; C. L. Barber, *Shakespeare's Festive Comedy*, Princeton: Princeton University Press, 1959; Herbert Weisinger, *Tragedy and the Paradox of the Fortunate Fall*, London: Routledge & Kegan Paul / East Lansing: Michigan State College Press, 1953; Francis Fergusson, *The Idea of a Theater*, Princeton: Princeton University Press, 1949; Lord Raglan, »Myth and Ritual«, in: *Journal of American Folklore* 68 (1955) S. 454–461; Northrop Frye, *Analyse der Literaturkritik*, übers. von Edgar Lohner und Henning Clewing, Stuttgart: Kohlhammer, 1964 (1957); Stanley Edgar Hyman, »Myth, Ritual, and Nonsense«, *Kenyon Review* 11 (1949) S. 455–475.

René Girard, *Das Heilige und die Gewalt*, übers. von Elisabeth Mainberger-Ruh, Zürich: Benziger, 1987; *»To Double Business Bound«*, London: Athlone Press / Baltimore: Johns Hopkins University Press, 1978; *Der Sündenbock*, übers. von Elisabeth

Mainberger-Ruh, Zürich/Düsseldorf: Benziger, 1998; *Das Ende der Gewalt. Analyse des Menschlichkeitsverhängnisses*, übers. von August Berz, Freiburg i. Br. [u. a.]: Herder, 1983; *Hiob – ein Weg aus der Gewalt*, übers. von Elisabeth Mainberger-Ruh, Zürich: Benziger, 1990; »Generative Scapegoating«, in: Robert G. Hamerton-Kelly (Hrsg.), *Violent Origins*, Stanford: Stanford University Press, 1987, S. 73–105. Gegen Frazer siehe *Das Heilige und die Gewalt* sowie *Der Sündenbock*.

Clyde Kluckhohn, »Myths and Rituals: A General Theory«, in: *Harvard Theological Review* 35 (1942) S. 45–79.

Walter Burkert, *Structure and History in Greek Mythology and Ritual*, Berkeley: University of California Press, 1979, darin v. a. S. 56 ff. und 99 ff.; *Homo Necans*, Berlin / New York: De Gruyter, 1972; *Antike Mysterien. Funktionen und Gehalt*, 4. Aufl. München: Beck, 2003; »The Problem of Ritual Killing«, in: Robert G. Hamerton-Kelly (Hrsg.), *Violent Origins*, S. 149–176; *Kulte des Altertums. Biologische Grundlagen der Religion*, München: Beck, 1998, Kapitel 2–3.

Kapitel 5

Zum Erhalt der klassischen Mythologie siehe u. a. Douglas Bush, *Mythology and the Renaissance Tradition in English Poetry*, Minneapolis: University of Minnesota Press, 1932; *Mythology and the Romantic Tradition in English Poetry*, Cambridge (Mass.): Harvard University Press, 1937; Gilbert Highet, *The Classical Tradition*, New York: Oxford University Press, 1939; Jean Seznec, *Das Fortleben der antiken Götter*, München: Fink, 1990. Eine nützliche Quelle für drei klassische Mythen ist Geoffrey Miles (Hrsg.), *Classical Mythology in English Literature*, London: Routledge, 1999.

Jessie L. Weston, *From Ritual to Romance* (siehe Hinweise zu Kap. 4).

Francis Fergusson, *The Idea of a Theater* (siehe Hinweise zu Kap. 4); »›Myth‹ and the Literary Scruple«, in: *Sewanee Review* 64 (1956) S. 171–185.

Northrop Frye, »The Archetypes of Literature« (1951) und »Myth, Fiction and Displacement« (1961), in: N. F., *Fables of Identity*, New York: Harcourt, Brace, 1963, S. 7–20 bzw.

S. 21–38; *Analyse der Literaturkritik*, übers. von Edgar Lohner und Henning Clewing, Stuttgart: Kohlhammer, 1964 (1957); »Literature and Myth«, in: James Thorpe (Hrsg.), *Relations of Literary Study*, New York: Modern Language Association, 1967, S. 27–55; »Symbolism of the Unconscious« (1959) und »Forming Fours« (1954), in: Robert D. Denham (Hrsg.), *Northrop Frye on Culture and Literature*, Chicago: University of Chicago Press, 1978, S. 84–94 bzw. S. 117–129; »Myth«, in: *Antaeus* 43 (1981) S. 64–84.

Als Beispiele für klassische Jungianer siehe Maud Bodkin, *Archetypal Patterns in Literature*, London: Oxford University Press, 1934; Bettina L. Knapp, *A Jungian Approach to Literature*, Carbondale: Southern Illinois University Press, 1984.

Als Beispiele für Archetypenpsychologie siehe James Hillman, *Re-Visioning Psychology*, New York: Harper & Row, 1975; David L. Miller, *The New Polytheism*, Dallas: Spring Publications, 1981.

Girard, *Das Heilige und die Gewalt* (siehe Hinweise zu Kap. 4).

Zu der Unterscheidung Geschichte (*story*) und Erzählung (*narrative*) vgl. Shlomith Rimmon-Kenan, *Narrative Fiction*, 2. Aufl. London / New York: Routledge, 2002 (¹1983), S. 3. Für weitere Unterscheidungen zwischen Geschichte, Erzählung und Handlung – Begriffe, die ich naiv als Synonyme verwende – siehe Paul Cobley, *Narrative*, London / New York: Routledge, 2001, S. 4–7.

Kenneth Burke, *The Rhetoric of Religion*, Boston: Beacon Press, 1961; *A Grammar of Motives*, New York: Prentice-Hall, 1945, S. 430–440; »Myth, Poetry and Philosophy«, in: *Journal of American Folklore* 73 (1960) S. 283–306.

Tylor, *Primitive Culture*, Bd. 1, S. 281 f. (siehe Hinweise zu Kap. 1). Für einen Theoretiker, der auf den ersten Blick physische Geschehnisse als Thema aller Mythen anzunehmen scheint, sind Heldenmythen eine überraschende Kategorie.

Zur Anwendung kognitiver Psychologie auf die Religion, zu der auch der Mythos zu rechnen wäre, siehe Pascal Boyer, *The Naturalness of Religious Ideas*, Berkeley: University of California Press, 1994.

Johann Georg von Hahn, *Sagwissenschaftliche Studien*, Jena: Mauke, 1876, S. 340.

Vladimir Propp, *Morphologie des Märchens*, übers. von Christel Wendt, hrsg. von Karl Eimermacher, München: Hanser, 1972.

Otto Rank, *Der Mythus von der Geburt des Helden*, Nachdr. der 2. Aufl. Wien: Turia + Kant, 2000 (1922).

Joseph Campbell, *Der Heros in tausend Gestalten*, übers. von Karl Koehne, Frankfurt a. M.: Suhrkamp, 1978.

Lord Raglan, *The Hero*, London: Methuen, 1936. Die Zitate sind dem Nachdruck des 2. Teils entnommen, in dem es um den Mythos geht, in: Otto Rank [u. a.], *Quest of the Hero*, Princeton: Princeton University Press, 1990, S. 89–175.

Kapitel 6

Sigmund Freud, *Die Traumdeutung*, Frankfurt a. M.: Fischer, 1991.

Karl Abraham, *Traum und Mythus*, Leipzig/Wien: F. Deuticke, 1909.

Otto Rank, *Der Mythus von der Geburt des Helden* (siehe Hinweise zu Kap. 5); vgl. auch Ranks noch sehr viel ödipaler gefärbtes Werk *Das Inzest-Motiv in Dichtung und Sage*, Nachdr. der 2. Aufl. Darmstadt: Wissenschaftliche Buchgesellschaft, 1974 (1926). Siehe auch Otto Rank / Hanns Sachs, *Die Bedeutung der Psychoanalyse für die Geisteswissenschaften*, Wiesbaden: Bergmann, 1913. Zum post-freudianischen Rank siehe O. R., *Das Trauma der Geburt und seine Bedeutung für die Psychoanalyse*, Nachdruck der Ausg. von 1924, Gießen: Psychosozial-Verlag, 1998.

Zu männlichen Schöpfungsmythen siehe Alan Dundes, »Earth-Driver: Creation of the Mythopoeic Male«, in: *American Anthropologist* 64 (1962) S. 1032–1051.

Jacob A. Arlow, »Ego Psychology and the Study of Mythology«, in: *Journal of the American Psychoanalytic Association* 9 (1961) S. 371–393.

Bruno Bettelheim, *Kinder brauchen Märchen*, übers. von Liselotte Mickel, München: Deutscher Taschenbuch Verlag, 1999.

Géza Róheim, »Psycho-Analysis and the Folk-Tale«, in: *International Journal of Psycho-Analysis* 3 (1922) S. 180–186; »Myth and Folk-Tale«, in: *American Imago* 2 (1941) S. 266–279; *The Riddle of the Sphinx*, übers. von R. Money-Kyrle, New York: Harper Torchbooks, 1974 (1934); *Fire in the Dragon and Other Psychoanalytic Essays on Folklore*, hrsg. von Alan Dundes, Princeton: Princeton University Press, 1992.

Alan Dundes, *Analytic Essays in Folklore*, Den Haag: Mouton,

1975; *Interpreting Folklore*, Bloomington: Indiana University Press, 1980; *Parsing through Customs*, Madison: University of Wisconsin Press, 1987; *Folklore Matters*, Knoxville: University of Tennessee Press, 1989.

Zu Schöpfungsmythen siehe Erich Neumann, *Ursprungsgeschichte des Bewusstseins*, Düsseldorf: Walter, 2004 (1954); Marie-Louise von Franz, *Schöpfungsmythen*, übers. von Gisela Dokters, München: Kösel, 1990.

Campbell, *Der Heros in tausend Gestalten* (siehe Hinweise zu Kap. 5).

Zu Adonis siehe v. a. C. G. Jung, *Symbole der Wandlung*, Zürich: Rascher, 1952, S. 444.

Zum Archetypus des *puer aeternus* siehe v. a. Jung, *Symbole der Wandlung*, S. 444f.; »Die psychologischen Aspekte des Mutterarchetypus«, in: C. G. J., *Die Archetypen und das kollektive Unbewusste*, 2. Aufl. Olten [u. a.]: Walter, 1976 (1959), S. 89–123; Marie-Louise von Franz, *Der ewige Jüngling*, übers. von Waltraut Körner, München: Kösel, 1992.

Zum Archetypus der Großen Mutter siehe v. a. Jung, »Die psychologischen Aspekte des Mutterarchetypus«; *Symbole der Wandlung*, S. 400, 430.

Kapitel 7

Claude Lévi-Strauss, »Die Struktur der Mythen«, Neuabdruck in leicht veränderter Form in: C. L.-St., *Strukturale Anthropologie*, übers. von Hans Naumann, Frankfurt a. M.: Suhrkamp, 1977, Kapitel 11; *Mythologica*, 4 Bde., übers. von Eva Moldenhauer, Frankfurt a. M.: Suhrkamp, 1971–1975. Die Bände tragen folgende Einzeltitel: *Das Rohe und das Gekochte*, *Vom Honig zur Asche*, *Der Ursprung der Tischsitten* und *Der nackte Mensch*. Außerdem: »Die Geschichte von Asdiwal«, übers. von Eva Moldenhauer, in: *Mythos und Totemismus. Beiträge zur Kritik der strukturalen Analyse*, hrsg. von Edmund Leach, Frankfurt a. M.: Suhrkamp, 1973, S. 27–81; André Akoun [u. a.], »A Conversation with Claude Lévi-Strauss« (siehe Hinweise zu Kap. 1).

Zu Lévi-Strauss' Theorie des Mythisch-Rituellen siehe seine Aufsätze »Die Struktur der Mythen« und »Struktur und Dialektik« in: *Strukturale Anthropologie*, Kapitel 11 bzw. 12, sowie

»Comparative Religions of Nonliterate People« in: *Structural Anthropology*, Bd. 2, übers. von Monique Layton, New York: Basic Books, 1976, Kapitel 5.

Vladimir Propp, *Morphologie des Märchens* (siehe Hinweise zu Kap. 5); Georges Dumézil, *La religion romaine archaïque*, Paris: Payot, 1966.

Jean-Pierre Vernant, *Mythe et pensées chez les Grecs*, Paris: Maspero, 1965; J.-P. Vernant / Pierre Vidal-Naquet, *Mythe et tragédie en Grèce ancienne*, Paris: Maspero, 1972; Nicole Loraux, *L'invention d'Athènes*, Paris [u. a.]: Mouton, 1981.

Marcel Detienne, *Die Adonis-Gärten*, übers. von Gabriele und Walter Eder, Darmstadt: Wissenschaftliche Buchgesellschaft, 2000.

Kapitel 8

Malinowski, »Der Mythos in der Psychologie der Primitiven« (siehe Hinweise zu Kap. 1).

Georges A. Sorel, *Über die Gewalt*, übers. von Ludwig Oppenheimer, Frankfurt a. M.: Suhrkamp, 1981.

Zu Mythos und Ideologie siehe Ben Halpern, »›Myth‹ and ›Ideology‹ in Modern Usage«, in: *History and Theory* 1 (1961) S. 129–149; Christopher G. Flood, *Political Myth*, New York: Routledge, 2001 (1996).

Girard, *Das Heilige und die Gewalt* (siehe Hinweis zu Kap. 4).

Zum Matriarchat im alten Griechenland und andernorts siehe das klassische Werk von Johann Jakob Bachofen, *Mutterrecht und Urreligion*, Leipzig: Kröner, 1931.

Herodot, *Geschichten und Geschichte*, 2 Bde., übers. von Walter Marg, Zürich/München: Artemis, 1973.

Aristoteles, *Der Staat der Athener*, übers. von Martin Dreher, Stuttgart: Reclam, 1993.

Antony Andrewes, *The Greeks*, New York: Knopf, 1967.

Pierre Vidal-Naquet, »The Black Hunter and the Origin of the Athenian Ephebia«, in: R. L. Gordon (Hrsg.), *Myth, Religion and Society*, Cambridge: Cambridge University Press, 1981, S. 147–162.

Aristophanes, *Lysistrate*, übers. von Ludwig Seeger, Stuttgart: Reclam, 1969.

Zusammenfassung

D. W. Winnicott, »Übergangsobjekte und Übergangsphänomene«, in: D. W. W., *Von der Kinderheilkunde zur Psychoanalyse*, übers. von Gudrun Theusner-Stampa, München: Kindler, 1976, Kapitel 18. In leicht überarbeiteter Fassung erschienen in: *Vom Spiel zur Kreativität*, übers. von Michael Ermann, Stuttgart: Klett, 1973. Das Zitat ist der ursprünglichen Fassung entnommen.

Personen- und Sachregister

Jonathan Culler

Literaturtheorie
Eine kurze Einführung

200 Seiten | UB 18166

Was ist und will Theorie? Was ist ein Text? Was ist ein Autor? Was unterscheidet Lyrik von Prosa? Auch die verschiedenen Theorie-Strömungen werden vorgestellt, von der Hermeneutik über Dekonstruktion und Gender-Studies bis zur postkolonialen Literaturbetrachtung.

»So bereitet uns Culler ein schieres Lesevergnügen an einem Text, der allen [...] Interessierten, nein, nicht Pflicht-, sondern Lustlektüre sein sollte.«

Frankfurter Allgemeine Zeitung

»Culler vermeidet den schematischen Ansatz. Anstatt sich nacheinander an den unterschiedlichen Schulen abzuarbeiten, [...] führt [Culler] nebenbei wichtige Theoretiker der letzten Jahrzehnte vor.«

Die Tageszeitung

John Polkinghorne

Quantentheorie
Eine Einführung

158 Seiten | UB 18371

John Polkinghorne
Quantentheorie
Eine Einführung

Reclam

Polkinghornes ebenso kurze wie verständliche Einführung erläutert die seltsamen und aufregenden Ideen, die die subatomare Welt so anders erscheinen lassen als unsere gewohnte Welt.

»… die Quantentheorie für die Westentasche. Die ebenso kurze wie einfache Einführung in das Thema kommt praktisch ohne Formeln aus. Die wurden in einen Anhang verbannt. Auch Laien erhalten einen Einblick in die subatomare Welt mit ihren seltsamen Eigenschaften.«

Die Welt

Charles Townshend

Terrorismus
Eine kurze Einführung

207 Seiten | UB 18301

Charles Townshend
Terrorismus

Reclam

Wie lässt sich Terrorismus definieren? Welche Strategien werden mit den verschiedenen Definitionen verfolgt? Wie lange schon gibt es Terrorismus? Was haben Nationalismus und Fundamentalismus mit dem Problem zu tun und wie können sich Demokratien gegenüber dem Terrorismus verhalten?

»Der Autor legt eine gelungene Einführung in das politische Phänomen des Terrorismus vor.«

Zeitschrift für Politikwissenschaft

»Charles Townshend bringt in seiner kleinen, aber gehaltvollen und kompakten Abhandllung wichtige Aspekte des Terrorismus auf den Punkt.«

Zeitschrift für Politikwissenschaft

Leslie Iversen

Drogen und Medikamente.
Geschichte, Herstellung, Wirkung

168 Seiten | UB 18245

Wie wirken Arzneimittel und Drogen? Was sind überhaupt Arzneien? Wie werden neue Arzneien und Drogen entwickelt? Wie wird sich diese Entwicklung fortsetzen? Die knappe Darstellung führt leicht verständllich in die Thematik ein.

»Iversenes Buch ist ein knapper, gut informierender Überblick über die Geschichte des Konsums, über die Wirkungsweise von Drogen und über die Entwicklung neuester Medikamente.«

Die Welt